よくばらない。やり過ぎない。

これだけで、ラクうまごはん

瀬尾幸子

新星出版社

0
MADE IN JAPAN
60
10
止

はじめに

外食もいいけれど、毎日のごはんが家で楽しく食べられれば、何より幸せ。
気軽に作れて、おいしければいうことなしです。
料理を始めたばかりの人でも、おいしく作るのはそう難しいことではありません。
気持ちをラクにして、楽しめるぐらいのレベルから始めましょう。
一度できればよいのではなく、毎日続けられることが大切です。
憧れの料理を作るには、入門編から。
まずは身近な材料と調理道具を使います。
そして、ゆでる、炒める、揚げるなど、火を通す方法がひとつのレシピから始めます。
揚げてから炒める、焼いてからオーブンに入れるなどの複雑なことは、
作るのに慣れてからにします。
最初は得意な料理を3つできるようにしましょう。そのあとは5つに、そして7つに。
そうすれば1週間ぶんになります。主菜も副菜も全部自分で作るのが重荷なら、
お惣菜を買って助けてもらってもいいのです。
少しずつ段取りも覚えますし、ラクになっていきます。
誰でも失敗なく作れるレシピが、この本にはいっぱい載っていますので、
ぜひお料理を始めてみませんか。

瀬尾幸子

もくじ

3 はじめに

ゆでる

コツがわかると、
ゆでるだけでこんなにおいしくなる！

10 鶏もも肉は少ない水で、旨みを逃さずゆでる
12 鶏もも肉ときゅうりのゴマだれ冷菜
14 鶏もも肉とレタス、食べるラー油の生春巻
18 鶏の熱冷うどん
19 ゆで鶏と青菜のクッパ
20 鶏肉とアボカドのメキシカンサラダ

22 鶏むね肉はチンして、しっとりやわらかに
23 鶏むね肉といんげんのゴマ和え
24 鶏むね肉とゆで青菜のおひたし

28 豚&牛の薄切り肉は「しゃぶしゃぶの要領」でゆでる
30 ゆで豚のねぎ塩ラー油和え
32 ゆで豚と万能ねぎのポン酢和え
34 ゆで豚の韓国風野菜包み
36 ゆで豚とセロリのショウガ炒め
38 ゆで牛肉と焼きナスのタイ風サラダ
40 ゆで牛肉と薬味野菜の黄身おろし
42 ゆで牛肉ともやしのビビンパ
44 ゆで牛肉とタマネギの卵とじ

46 卵は熱湯からゆでて、好みのゆで加減に
48 グリーンアスパラのとろとろ卵のせサラダ
49 卵のみそ漬け

50 **イカは半生にゆでて保存、が使いやすい**
52 ゆでイカのショウガじょうゆ和え
52 ゆでイカのわさびじょうゆ和え
54 ゆでイカと万能ねぎのチヂミ
57 ゆでイカの中華風サラダ
59 ゆでイカのアジアンサラダ

60 **エビは殻ごと、蒸しゆでがおいしい**
62 エビときゅうりの中華風やっこ
63 エビとキャベツ、グレープフルーツのサラダ
64 エビきゅうちらし
66 エビとアボカドのサンドイッチ

68 **青菜はまとめてゆでて、絞らず保存**
70 ゆで小松菜で…からし和え
71 みりんじょうゆ和え／ゴマ和え
72 酢じょうゆ和え／カッテージチーズのサラダ

74 **野菜それぞれに、おいしいゆで方がある**
74 中華風ゆでレタスの熱々
76 もやしのラー油和え
77 カリフラワーのアンチョビマヨサラダ
78 グリーンアスパラの炒め蒸し
79 ゆで枝豆
80 とってもシンプルなポテサラ
82 カボチャとカッテージチーズのサラダ
83 大人の長いもサラダ

84 **めんをゆでるには ちょっとしたコツがある**
84 たらこスパゲティ
86 ナポリタン
88 カルボうどん
90 冷や汁そうめん
92 冷やし中華

炒める

炒める順番と時間で、家でもシャキッと旨い炒め物。

キャベツ肉炒め …… 96
小松菜の塩炒め …… 99
ナスとひき肉のみそ炒め …… 100
白菜チーズオムレツ …… 102
豚薄切り肉とピーマンのショウガ焼き …… 104
豚キムチ …… 106
もやしと卵のあんかけ炒め …… 108
ゴーヤちゃんぷる〜 …… 111
鶏肉とシイタケの照り焼き炒め …… 112
厚揚げときのこのオイスターソース炒め …… 115
ごぼうとベーコンのオリーブオイル炒め …… 116
イカとトマトのバジル炒め …… 118
合いびき肉の和風ドライカレー …… 120
焼きめし …… 123

揚げる

温度を守れば意外に簡単。上手に揚げる衣付けの方法って？

ひと口かつ …… 126
鶏から揚げ …… 128
サクサク天ぷら …… 130
大根と長いものから揚げポン酢漬け …… 132

甘酢

この甘酢を作っておけば、あれも作れる、こうも使える。

ポイポイ甘酢漬け …… 135
カレーピクルス …… 135
鶏もも肉とわかめ、トマトのショウガ酢の物 …… 136
鶏から揚げとタマネギの南蛮漬け …… 137
カジキマグロとパプリカの甘酢炒め …… 138
炒め酢豚 …… 139

［カンタン自家製］

16 食べるラー油じつは簡単に作れます

26 万能！しょうゆドレッシングの素

33 手作りのポン酢はあっさり爽やか

35 コチュジャンも即席なら家で作れます

53 旨みたっぷりイカのワタしょうゆ

73 実験みたい？カッテージチーズ作り

［おいしいオススメ］

27 粒コショウとミルでかんたんプロ技

37 野菜、斜め薄切りのススメ

41 薬味の香りを使いこなして

56 手は最高の調理道具

58 ぜったい便利！木ぶたと竹串

140 素材別さくいん

＜電子レンジのW数別加熱時間の目安＞

500W	600W	700W	900W
2分30秒	2分 5秒	1分47秒	1分23秒
3分	2分30秒	2分 8秒	1分40秒
3分30秒	2分55秒	2分30秒	1分56秒
4分30秒	3分45秒	3分12秒	2分30秒
5分	4分10秒	3分34秒	2分46秒
7分	5分50秒	5分	3分53秒

※この本の中で目安とした、500Wを基準に計算しています。

Staff

デザイン　石倉ヒロユキ、小池佳代（regia）

撮影　福尾美雪

スタイリング　大畑純子

文　瀬尾幸子

取材協力　鹿野真砂美

イラスト　石倉ヒロユキ（regia）

調理アシスタント　久世謙太郎

企画・編集　株式会社シーオーツー（松浦祐子）

この本を使う前に

- 材料と作り方は、2人分を基本としていますが、レシピによっては作りやすい分量で表記しています。
- 材料の分量は、味付けやできあがりに影響がある場合には、個数と共に重量（g）も表記しています。
- 記載の人数分よりも多く作る場合、煮物等は煮詰まり具合が変わるので、味をみて調味料の分量（調味料同士の比率は同じ）を調整してください。
- 大さじ1は15mℓ、カレーを食べるスプーンぐらい、小さじ1は5mℓ、ティースプーンぐらいで、1カップは200mℓ、いずれもすりきりで量ります。
- 米1合は180mℓ（cc）です。
- しょうゆは濃口しょうゆ、バターは有塩バター、砂糖は上白糖を使用しています。
- だし汁は市販の顆粒だしの素（昆布やかつお風味）を、表示の濃度で使用しています。
- 電子レンジの加熱時間は500Wを目安にしています。W数別の加熱時間は表を参考にしてください。機種によって加熱具合が違う場合がありますので、様子を見ながら加減してください。

ゆでる

コツがわかると、
ゆでるだけで
こんなにおいしくなる!

まずは、ゆでるだけでできる料理から始めましょう。
旨みを逃さないコツさえ守れば、調理はとても簡単です。
ゆでただけでは物足りないと思っていませんか？　そんなことはありません。
生春巻やエスニックなサラダ、和風の和え物やおつまみ、
スパイシーなビビンパだってできちゃうんです。
ゆで汁も旨みたっぷりなので、残さず使い切ります。
「だし」をとらなくてもゆで汁を使えば、おいしくできる料理もあるのです、
豚肉をゆでた汁は、みそ汁に使えばお肉がなくても
おいしい豚汁風みそ汁ができます。
ゆでるだけで、得意料理がぐんと増えますよ。

鶏もも肉は少ない水で、旨みを逃さずゆでる

材料（作りやすい分量）

- 鶏もも肉（骨なし）…２枚
- 水…適量
- 顆粒鶏スープの素…小さじ 1/2

水の量はなるべく少なく。
そうすると旨みの濃いスープになります。

鍋は、鶏肉がぴったり入る
くらいの大きさがベスト。

① 水からゆでる

鶏肉とかぶるくらいの水、顆粒鶏スープの素を入れて強火にかけます。

② あくを取る

沸騰してあくが真ん中に集まったところをすくい取ります。最初に１回取ればＯＫ。

スーパーで売っている鶏もも肉って、2枚とか3枚で1パックのことが多いですよね。「買ってもすぐには食べ切れないなあ」なんて思っちゃう。そんな時はゆでてみましょう。保存がきくうえに、あっという間におかずが作れちゃいます。しかもびっくりするくらいおいしいんですよ。下ごしらえがないから、すぐ調理にかかれてとっても便利。ゆで汁も残さず汁物や煮物のだしに使います。ぜひやってみてください。

← 次のページから「ゆで鶏もも肉」を使ったレシピが載ってます。

③ 10分煮る

落としぶたをして、コトコトと煮立つくらいの弱火で10分ゆでます。落としぶたをすると、ゆで汁が全体にゆきわたります。

④ そのまま冷ます

火を止めたらそのまま冷まし、保存容器にゆで汁ごと入れて冷蔵庫へ。1週間を目安に使い切りましょう。

鶏の脂が気になる時は、冷やしたあとなら簡単に取り除けます。でもこの脂、炒め物に使うとおいしいんです。

鶏もも肉ときゅうりのゴマだれ冷菜

材料（2人分）

ゆで鶏もも肉…1枚
きゅうり…1本
トマト…1個

〈ゴマだれ〉
白すりゴマ…大さじ3
ポン酢（P.33）
…大さじ3
マヨネーズ
…大さじ1.5
ゴマ油…小さじ1
好みでラー油…適量

1 具を切る
きゅうりはせん切り、トマトは半月切り、鶏肉は1cm幅に切る。

皮を下にすると切りやすいよ

2 器に盛る

3 たれをかける
たれの材料を混ぜて、食べる直前にかける。

時間がたつと水が出ちゃいます

きゅうりは斜め薄切りをせん切りに

こうすると、歯ざわりのよいせん切りになります。

トマトのヘタは無駄なく切り取る

包丁の先で、ヘタをくるりとくり抜くとムダがありません。難しければ、半分に切って三角にヘタを切り取ります。

おまけアレンジ

このゴマだれに、みじん切りした長ねぎ、ニンニク、ショウガや黒コショウなどをプラスしてもOK。

いろいろ使える混ぜるだけゴマだれ

すりゴマにマヨネーズを加えるだけで、おいしいゴマだれが作れます。シンプルなゆで鶏もこれをかければ高級中国料理店のバンバンジーに！ご飯がもりもり食べられるおかずになります。牛しゃぶしゃぶにも、冷やし中華にも使えますよ。

鶏もも肉とレタス、食べるラー油の生春巻

ご飯に合うおかずはなんでも巻ける

ゆで鶏と生野菜を包むこの生春巻は、好みに合わせてアレンジが楽しめます。具材はエスニック風に限りません。お米から作る生春巻の皮は、ご飯と同じように甘辛おかずと相性が良いのです。鶏むね肉といんげんのゴマ和え（23ページ）や、市販の焼き鳥を巻いてもおいしいですよ。

材料（4本分）

生春巻の皮…４枚

〈具〉
ゆで鶏もも肉…1/2枚
レタス…２枚
大葉…８枚
パプリカ（あれば）…1/4個
マヨネーズ…適量
食べるラー油（P.16）…適量
黒コショウ…少々

〈たれ〉
酢…大さじ１
はちみつ…大さじ１
赤唐辛子の輪切り…少々

1 生春巻の皮を水でもどす
皿にサラダ油（分量外）を塗り、水で濡らしてもどした皮をのせる。

2 具を切る
鶏肉は１cm幅、レタスは５mm幅に切る。パプリカは薄切りに。

3 巻く
左のようにして、具をのせて巻く。たれを付けて食べる。

134ページの甘酢でもOK

生春巻の皮は濡らす

生春巻の皮は流水で両面を濡らせばすぐにもどせます。

皿に油を塗ると皮がくっつかない

しかも、皿の上なら巻くのも簡単。皮は水ですぐやわらかくなるので、1個ずつ作ります。

巻き方

皮の中央より手前に、一番見せたい具をおく

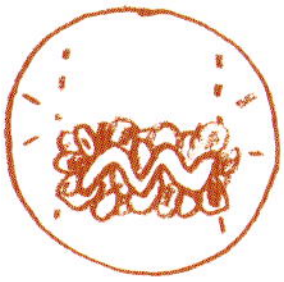

その他の野菜、鶏肉、調味料をのせて

まず手前の皮をかぶせ、両端を内側に折り

くるっと巻くと、あらキレイ！

カンタン自家製

食べるラー油 じつは簡単に作れます

薬味にも、調味料にもなる「食べるラー油」は、家でも簡単に作れます。
自家製は香りが立つうえ、辛さもお好みで調節できます。

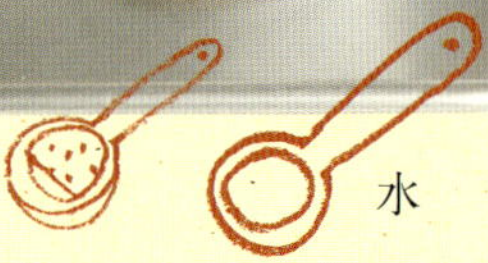

材料（作りやすい分量）

赤唐辛子粉 ※…1/2 カップ
中辛の粗挽きを。韓国唐辛子が向いています
中国山椒粉（あれば）…大さじ 1
アーモンドみじん切り…15 粒分
干しエビみじん切り…大さじ 2
※ 一味唐辛子を使う場合は、量を 1/4 にします。

塩…小さじ 2/3
水…大さじ 1

長ねぎみじん切り…1 本分
ニンニクみじん切り…1 片分
ゴマ油…2/3 カップ

①

耐熱性または金属のボウルに、
赤唐辛子粉、中国山椒粉、アーモンド、干しエビ、
塩、水を入れて混ぜておきましょう。

②

火力が強いと、すぐに
焦げてしまうので
注意して。

フライパンに
長ねぎ、ニンニク、ゴマ油を
入れて弱火にかけます。
じわじわとゆっくり、
長ねぎとニンニクが
キツネ色になるまで加熱。

③

熱々の油を
①のボウルに入れて混ぜ、
そのまま冷めるまでおく。
冷める間に油に
唐辛子のエキスがしみ出る。

注いだ瞬間、ワーッと沸き立つので、
大きめのボウルを使います。

ガラス瓶に入れて。
常温で長期保存が可能です。

鶏の熱《あつ》冷《ひや》うどん

材料（2人分）

ゆで鶏もも肉…１枚
長ねぎ…１本
冷凍うどん…２玉

＜つゆ＞
鶏のゆで汁…１カップ
水…１カップ
めんつゆ
（３倍濃縮タイプ）
…大さじ４

＜薬味＞
ゆずの皮（あれば）
…２片
七味唐辛子…少々

1 具を切る
鶏肉は2.5㎝角に切る。長ねぎは１㎝のブツ切りに。

2 つゆを煮る
つゆの材料と鶏肉、長ねぎを鍋に入れ、中火で長ねぎがやわらかくなるまで煮る。

3 うどんをゆでる
うどんは熱湯でゆでてから、冷水で冷やして器に盛る。薬味は好みで。

冷凍、乾麺、そうめん、おそば、なんでもおいしくできます

鶏のゆで汁も使って
おいしいつけ汁ができます。
脂がうまいので
熱々がおすすめ。

ゆで鶏と青菜のクッパ

材料（2人分）

ゆで鶏もも肉…1枚
ゆで小松菜（P.68）
…4株（80g）
ニンジン…3㎝（30g）
卵…2個
万能ねぎ…4本
ご飯…2杯分

＜かけ汁＞
鶏のゆで汁…1カップ
水…1カップ
顆粒鶏スープの素…小さじ1

塩…小さじ1/2
黒コショウ…少々
ゴマ油…小さじ1

1 具を切る

鶏肉は一口大、小松菜は3㎝に切る。ニンジンはせん切りに。

生を使ってもOK

2 汁を作る

鍋に具とかけ汁の材料を入れ、中火で2～3分煮る。強火にして溶き卵を流し入れ、塩、黒コショウを加え、ゴマ油をたらす。

沸いているところに入れるのがフワフワに仕上げるコツ

3 盛り付ける

温かいご飯を器に盛り、汁をたっぷりかけ、万能ねぎの小口切り、好みで黒コショウを振る。

汁かけご飯も
鶏のゆで汁を使えば
おいしさアップ。

鶏肉とアボカドのメキシカンサラダ

材料（2人分）

ゆで鶏もも肉…1枚
アボカド…1個
オリーブオイル…小さじ2
食パン（8枚切り）のトースト
…適量

<サルサソース>
トマト5㎜の角切り…1個分
タマネギみじん切り…1/2個分
青唐辛子みじん切り…約1本分
ニンニクすりおろし…小さじ1/4

塩…小さじ1/2
黒コショウ…少々

1 ソースの材料を混ぜる
10分おいて、味をなじませる。青唐辛子は加減して入れる。タバスコでもOK。

2 具を切る
鶏肉は2㎝角、アボカドは皮をむき、1.5㎝角に切る。

3 ソースと具を混ぜる
ソース、具、オリーブオイルを混ぜ、味をみて塩、黒コショウを加える。

4 盛り付ける
このままサラダでも、トーストや焼いたトルティーヤにのせてもよい。

アボカドの熟度は、ヘタで見分けられます

ヘタの部分に少しすき間ができて、触ると少しやわらかい感触のものを選びましょう。

アボカドはこうやってむきます

1
縦に包丁を入れ、種に当たったらくるりと一周

2
両手で押さえ、逆方向にひねって、開く

3
種に包丁の角をトンと突き刺し、ねじり取る

4
手で簡単に皮がむければ熟している証拠

おまけアレンジ

サルサソースにゆでタコを混ぜるだけでもサラダに。

シンプルな
サルサソースで
料理力アップ

下味を付けていないゆで鶏は、和洋中と幅広い料理に使えるのが魅力。切って和えるだけで手早く一品完成です。

アボカドとゆで鶏を合わせたこのメキシコ風サラダは、サンドイッチや春巻の具にもなります。

鶏むね肉はチンして、しっとりやわらかに

鶏むね肉においしく火を通すには、鍋でゆでたり蒸したりする必要はありません。というのも、じつは電子レンジが一番おいしくできるから。

　大事なことはただひとつ。加熱直後に決してふたを開けないこと！　鶏肉の様子が気になるかもしれませんが、余熱が仕上げてくれる時間をゆっくり待ちましょう。

次のページから「チンした鶏むね肉」を使ったレシピが載ってます。

材料（作りやすい分量）

鶏むね肉
　…小さめ１枚（250g くらい）

1 容器に入れる

ふたに通気穴がついている、電子レンジ対応の保存容器を用意し、鶏むね肉を入れます。ぴったり収まるサイズを選びましょう。

通気穴

2 電子レンジで加熱

ふたを閉めて、通気穴を開けた状態にして５００ｗで2分半（W数別加熱時間は7ページ）加熱します。

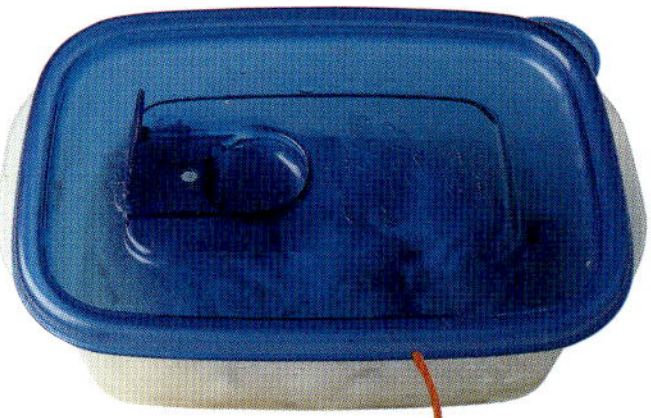

加熱後、うっすらピンクが残る状態でOK。

3 ふたをしたまま冷ます

完全に冷ますと、余熱でちょうどよく火が通ります。保存はそのまま冷蔵庫へ。1週間を目安に使い切りましょう。

鶏肉は包丁を使うより
手で裂いたほうが
味がしっかりしみ込みます。

鶏むね肉といんげんのゴマ和え

材料（2人分）

- チンした鶏むね肉
  …1/2枚
- いんげん…12本（100g）

＜和え衣＞

- 白すりゴマ…大さじ3
- 砂糖…大さじ1
- しょうゆ…大さじ1.5
- マヨネーズ…大さじ1

1 具の下準備

いんげんはヘタを切り落とす。鶏むね肉は皮をはがし、皮は細切り、身は手で裂く。

2 いんげんをゆでる

塩少々（分量外）を入れた熱湯で2分ほどゆで、冷水にとり、水気をきって長さ3～4cmの斜め切りに。

水につけっぱなしはNG。

3 和える

ボウルに和え衣の材料と具を入れて、混ぜ合わせる。

おまけアレンジ

わかめやトマトでもおいしくできます。

鶏むね肉とゆで青菜のおひたし

材料（2人分）

- チンした鶏むね肉…１枚
- ゆで小松菜（P.68）…1/2 束
- かつおぶし…指３本でふわっとつまんだ量(2g)
- しょうゆ…小さじ２
- 水…1/2 カップ

1 具を切る

鶏肉は繊維を切る方向に１cmの厚さに、大きいものは一口大に切る。小松菜は４cmの長さに切って、軽く水気を絞る。

2 だし汁を作る

ボウルにしょうゆと水、かつおぶしを入れる。

3 ひたす

だし汁に鶏肉と小松菜を入れて混ぜ合わせ、３分ほどひたす。薄味なので、味が足りなければしょうゆ少々（分量外）を加えて調える。

かつおぶしを活用して
簡単だしいらず

数分ひたすことで、味がしみ込みます。

お肉を足せば
おひたしも
立派なおかずに

あっさりした青菜のおひたしも、チンした鶏むね肉を合わせるだけで、ボリュームのあるメニューに。ゆで豚やちくわ、はんぺんでもおいしくできます。

ゆでた青菜は風味を損なわないように、水気は軽く絞りましょう。

おまけアレンジ

からしを加えれば、
からし和え、
わさびを加えれば、
わさび和えになります。

カンタン自家製
万能！しょうゆドレッシングの素

3つの調味料を合わせておけば、便利に使えます。薬味を加えて和や中華のドレッシングになりますし、冷やし中華のたれにもなります（下の表参照）。

基本の割合は　しょうゆ　：　酢　：　砂糖
1カップ　1カップ　1/3カップ

砂糖が溶けるまで混ぜるだけ

こんな具合にアレンジできます

2人分	しょうゆドレッシングの素	薬味／水	油
中華ドレッシング	大さじ3	ニンニク、ショウガ、長ねぎのみじん切り合わせて…大さじ3	ゴマ油…大さじ1
和風ドレッシング	大さじ3	ショウガ、長ねぎ、大葉のみじん切り合わせて…大さじ3	ゴマ油、サラダ油、オリーブオイルいずれか好みで…大さじ1
冷やし中華のたれ	大さじ3	同量の水大さじ3	ゴマ油…大さじ1

●薬味はこのほか、セロリやミョウガなど香りがある野菜をお好みで。

混ぜ合わせたものを保存瓶に入れて冷蔵庫へ。1カ月を目安に使い切ること。

おいしいオススメ

粒コショウとミルで かんたんプロ技

　粒コショウを挽くミルは、家庭で作る料理をプロの味に近付けてくれる、素晴らしい道具なんです。
　シンプルなレシピほど、香りの役割は大切。挽きたてのコショウは粉末とはまったく違う力強い香りで、料理を彩ってくれます。市販のプロセスチーズも、挽きたてコショウをまぶすだけで、お酒がすすむおつまみに変わります。
　粒のままなら、コショウの香りも長持ち。使い切るまでに時間がかかっても大丈夫ですが、その実力を知れば、すぐになくなってしまうかもしれません。

豚＆牛の薄切り肉は「しゃぶしゃぶの要領」でゆでる

材料（作りやすい分量）

- 薄切り肉（写真は豚肩ロース）…300g
- 水…２カップ
- 顆粒鶏スープの素…小さじ 1/4

①
スープの素を入れて
湯を沸かす
スープの素は旨みを
補う役目です。

②
弱火でゆでる
肉は半量ずつ、
２回に分けてゆでる。

このくらいのフツフツ加減。
肉を入れたら温度が下がるので、
少し火を強めましょう。

③
菜箸でさばいて
肉に火が通ったら
取り出す。

赤みが消えて、
さっと火が通った
ところで引き上げます。

水の量は
なるべく少なく。

牛

牛肉も同様にゆでてください。
切り落としでもかまいません。

豚

冷たいまま食べるなら
脂の少ない部位がおすすめ。

④ 冷ます

保存容器に肉、ゆで汁を入れて冷まし、冷蔵保存。1週間を目安に使い切りましょう。

豚肉や牛肉は、薄切りをゆでて保存しておくと便利です。お湯に顆粒鶏スープの素を入れて、しゃぶしゃぶのようにさっと火を通すだけの手間いらず。特大パックの肉でも、あっという間に作業が終わります。

あとは和え物やサラダ、炒め物や煮物に使えば、調理時間がぐんと短縮できます。旨みが溶け出たゆで汁は、44ページの「ゆで牛肉とタマネギの卵とじ」のような煮物やスープ、うどんのつゆなどに活用できます。

← 30ページから「ゆで豚薄切り肉」、38ページから「ゆで牛薄切り肉」を使ったレシピが載ってます。

ゆで豚のねぎ塩ラー油和え

材料（2人分）

ゆで豚…薄切り８枚（150g）

＜ねぎ塩＞
長ねぎ…1/2本
塩…小さじ1/4
黒コショウ…少々
ゴマ油…大さじ１

食べるラー油（P.16）…小さじ１
サラダ菜（あれば）…２枚

1 ねぎ塩を作る
長ねぎはできるだけ薄く斜めに切って、塩、黒コショウ、ゴマ油と混ぜる。

2 豚肉をちぎる
一口大にちぎる。

3 混ぜて盛る
材料を全部混ぜ、食べるラー油を混ぜる。サラダ菜を敷いた皿に盛る。

ねぎ塩はもまずに

もむとぬめりがでるので、調味料を混ぜたら、しんなりするまでしばらくおきます。

保存もできます

たっぷり作っておけば冷蔵庫で10日くらいは楽しめます。

おまけアレンジ

冷やっこにのせる時には、しらすやサクラエビを混ぜてもいいですよ。

ねぎ塩さえ作っておけば…

このねぎ塩は、とりあえずのおつまみ作りに大活躍します。

豆腐にのっけて塩ねぎやっこ。市販のチャーシューを和えてよし。鯛などの白身のお刺身と和えてもいけるのです。

冬の、ねぎがやわらかい時期にはとくにおすすめです。

ゆで豚と万能ねぎのポン酢和え

ゆで豚を、生で食べられる野菜と和えればできあがり。

材料（2人分）

- ゆで豚…薄切り８枚（150g）
- 万能ねぎ…1/2把
- ミョウガ…１個
- ポン酢（P.33）…大さじ３
- 白いりゴマ…適量

1　具を切る

豚肉は食べやすい大きさにちぎる。万能ねぎは３cm長さに、ミョウガは縦半分に切ってから斜め薄切りに。

2　和える

ボウルに具とポン酢を入れて和える。

3　ゴマをかける

器に盛り、いりゴマを指先でつぶすようにしてかける。

いりゴマはひねって

いりゴマを、指先でつぶすようにしてかけると、香りが立ちます。量が多い時は包丁で刻んで。ちなみにこれは、切りゴマと呼びます。

カンタン自家製
手作りのポン酢はあっさり爽やか

ポン酢はじつは驚くほど簡単に作れます。手作りのポン酢はあっさりとして爽やかで、おいしいですよ。

かんきつ汁はレモン、ゆず、かぼすなどお好みでどうぞ。

材料（作りやすい分量）

- しょうゆ…1カップ
- 酢…1/4カップ
- かんきつ汁（レモンなど）…1/4カップ
- 水…1/2カップ
- 昆布…5㎝角1枚
- かつおぶし…5g

甘みを足すなら
みりんで調節する
（大さじ2くらい）

1 材料を全部混ぜて、一晩おく。夏場は冷蔵庫に入れてね。

2 ザルで漉してできあがり。

一晩おいたもの

漉したら保存瓶に入れ、
冷蔵庫で3カ月保存可能です。
早めに使い切りましょう。

ゆで豚の韓国風野菜包み

豚バラ肉を焼いて食べるサムギョプサルも、ゆで豚で作るとさっぱりヘルシー。野菜もたっぷりとれるおかずです。

材料（2人分）

- ゆで豚…薄切り8枚（150g）
  - ゴマ油…大さじ1
- サンチュやサニーレタス、グリーンリーフなど…適量
- 大葉またはエゴマの葉…適量
- 万能ねぎ…6本
- コチュジャン…適量
- 好みでマヨネーズ…適量

1 具の下ごしらえ

豚肉は食べやすい大きさに切ってゴマ油をまぶす。万能ねぎは5cm長さに切る。

2 葉っぱで包む

具とコチュジャン、好みでマヨネーズをサンチュなどの葉で包んで食べる。

ゆでたキャベツや白菜もおいしい

いっしょにご飯を包んでもおいしい。

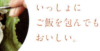

カンタン自家製

コチュジャンも即席なら家で作れます

材料を混ぜ合わせるだけで、本物にとても近いコチュジャンができます。

材料（作りやすい分量）

- みそ…250g
- 砂糖…170g
- 粉唐辛子（韓国産）…50g
- 塩…大さじ１
- 酢…小さじ２
- 水…1/2カップ

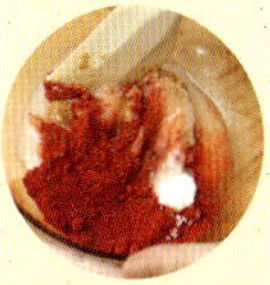

むらなく混ぜる！

粉唐辛子はぜひ韓国産を

一味唐辛子を使うなら、量を1/4ぐらいに加減して。

保存容器に入れ冷蔵庫で３カ月以上余裕で保存が可能。

ゆで豚とセロリのショウガ炒め

材料（2人分）

- ゆで豚
  - …薄切り８枚（150g）
  - 塩・黒コショウ…各少々
  - 小麦粉…大さじ１
- セロリ…２本
- ショウガせん切り
  - …薄切り８枚分
- ゴマ油…大さじ１

- 赤唐辛子の輪切り…少々
- 塩…小さじ 1/4
- 黒コショウ…少々
- 顆粒鶏スープの素
  - …小さじ 1/4

1　豚肉をちぎる

豚肉は一口大にちぎり、塩、黒コショウを振って小麦粉をまぶす。

2　セロリを切る

茎は斜め薄切り、葉はざく切りに。

3　炒める

フライパンを中火で熱してゴマ油をひき、豚肉とショウガを炒める、豚肉を片側に寄せ、空いたところにセロリを入れて透き通った感じになるまで、炒める。

肉が焦げ過ぎないように
ガス火はセロリのほうにあてる

4　味を付ける

赤唐辛子、塩、黒コショウ、顆粒鶏スープの素を入れて混ぜる。

ゆで肉で炒め物も短時間に。小麦粉をまぶすと、かたくならずに仕上がります。

おいしいオススメ

野菜、斜め薄切りのススメ

細長い野菜は、斜め薄切りがおすすめ。繊維を切って食べやすく、大きさも保てるので、煮物、炒め物に使いやすいのです。

ピーマン

縦半分に切ってヘタと種を取ってから斜め薄切りに。
やわらかいのに歯応えもある。野菜炒めやチンジャオロースーに。

長ねぎ

斜めに切ることで歯切れがよくなり、火も通りやすい。

きゅうり

斜め薄切りを細く切れば、せん切りに。

セロリ

筋を取らなくても、斜め薄切りなら気にならない。
炒めたりスープにしたり、サラダの時にも役立つ切り方。

ゆで牛肉と焼きナスのタイ風サラダ

しょっつるが味の決め手

タイ風にする味の決め手はナンプラーですが、香りにくせのない〝しょっつる〟を使うと、誰でも食べやすい味になります。なければ、薄口しょうゆでもさっぱりした仕上がりに。

ナスはぜひ、焦げ目が付くくらいに焼いてくださいね。

材料（2人分）

ゆで牛肉…100g
ナス…２本
香菜…１株
タマネギ薄切り…1/4 個分
レモン（くし形）…適量

<調味料>
ニンニクみじん切り
…1/2 片分
赤唐辛子の輪切り…少々
しょっつる（または薄口しょうゆ）
…小さじ 1/2
塩…小さじ 1/3
黒コショウ…少々
レモン汁…大さじ１

1 具を切る
牛肉は一口大にちぎる。ナスは１cmの輪切り、香菜はざく切りに。

2 タマネギと調味料を混ぜる
タマネギがしんなりするまで10 分おく。

3 ナスを焼く
フライパンを中火で熱し、油をひかずにナスを焼く。

4 混ぜて器に盛る
ナスは熱いうちに混ぜると味がよくなじむ。レモンは好みで絞って。

ていねいに作るなら じっくり焼き網で

強めの中火で時々転がしながらナス全体に火をあて、焦がすように焼きます。ぷうっと膨らんで、裂け目から蒸気が噴き出せばＯＫ。熱いうちにヘタをふきんで押さえ、ヘタの下から竹串を入れてスーッと引っ張り、皮をむきます。

油がなくても ナスは焼けます

焦げ目が付いて、十分やわらかくなるまで焼く。かつおぶし、しょうゆ、おろしショウガをかければ焼きナスです。

ゆで牛肉と薬味野菜の黄身おろし

大根おろしに卵黄を混ぜると、辛味がまろやかに。お料理も華やかになります。

材料（2人分）

ゆで牛肉…150g
大葉…６枚
ミョウガ…１個
水菜…１株

＜黄身おろし＞
大根おろし
…１カップ
卵黄…１個

ポン酢（P.33）
…適量

1 具を切る
牛肉は一口大にちぎる。大葉はせん切り、ミョウガは縦半分に切ってから斜め薄切り、水菜は４㎝に切る。

2 黄身おろしを作る
軽く水気をきった大根おろしと卵黄を混ぜる。

3 盛り付けてポン酢をかける
具を混ぜて器に盛り、黄身おろしをのせて、ポン酢をかけて食べる。

おいしいオススメ

薬味の香りを使いこなして

香りは大切な調味料。薬味野菜の爽やかな香りは食欲を促し、おいしさを引き立てます。

大葉

青魚、牛肉、納豆など
香りの強い材料と相性がいい。

ショウガ

薄切りやせん切り、
すりおろして。
ぜひ皮ごと香りを
楽しんで。

カイワレ菜

ピリッとした香味が
アクセントに。

ミョウガ

薄切りを薬味にするほか、
甘酢漬けにしてもおいしい！

ゆずの果肉

果汁をポン酢や
ドレッシングに。
丸ごと冷凍保存が
できる。

万能ねぎ

薬味によし。彩りとしてもよく、
煮てよし、焼いてよし。

すだち

さんまの塩焼き以外にも。
和え物やサラダに。
すだちサワーもおすすめ。

ゆずの皮

冷凍しておけば
夏でも黄ゆずが使える。
刻んで風味付けに。

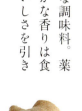

ゆで牛肉ともやしのビビンパ

野菜をたっぷり食べたいときに

　ビビンパは丼の中で作る混ぜご飯です。ゆで牛肉と電子レンジで作るナムルで、あっという間にできるので、休日のお昼ごはんにぴったり。

　コチュジャンの量で味付けを加減すれば、辛さを調節できます。具とご飯の量は半々ぐらいがおすすめです。

材料（2人分）

＜味付けゆで牛肉＞
ゆで牛肉…150g
A
　コチュジャン
　（P.35、または市販のもの）
　　…大さじ1
　ゴマ油…小さじ2
　白いりゴマ…小さじ2
　しょうゆ…小さじ1.5

＜もやしと青菜のナムル＞
小松菜…4株（70g）
もやし…1袋（200g）
B
　ゴマ油…小さじ1
　塩…小さじ1/4
　黒コショウ…少々
　ニンニクすりおろし
　　…小さじ1/4

ご飯…2杯
半熟目玉焼き…2個
コチュジャン…大さじ1
万能ねぎ小口切り…少々
白いりゴマ…少々
一味唐辛子…少々

1 牛肉に味付けする

牛肉を一口大にちぎり、Aを混ぜて軽く手でもむ。

2 ナムルを作る

小松菜は3cmに切る。もやしはひげ根が気になる時は取る。

耐熱容器に入れてラップをし、電子レンジ500Wで4分半加熱する。水分を捨てて、Bで和える。

3 器に盛る

器にご飯を盛って、ナムル、牛肉、目玉焼きをのせ、コチュジャン、万能ねぎ、白ゴマものせる。目玉焼きに一味唐辛子を振る。

4 よく混ぜて食べる

具とごはんは同量です

これ以上は混ざりません！
というくらいに
混ぜて食べるのが
おいしさのヒミツです。

ゆで牛肉とタマネギの卵とじ

材料（2人分）

ゆで牛肉または生牛肉…150g
タマネギ…１個
卵…２個

＜煮汁＞
牛肉のゆで汁＋水…１カップ
しょうゆ…大さじ 2.5
砂糖…大さじ１強

好みで紅ショウガ、
　七味唐辛子…各少々

1 具を切る
牛肉は一口大に切る。タマネギは１cm幅に切ってほぐす。

2 煮る
鍋に煮汁と具を入れ、中火で３分煮る。

3 卵でとじる
強火にして、割りほぐしておいた卵を全体にかける。ふたをして卵に火が通るまで煮る。

4 盛る
器に盛り、好みで紅ショウガを添え、七味唐辛子を振る。

卵とじは火加減が命

必ず、煮汁が
沸いているところへ
卵を流し入れて。
煮立っていないと
卵が沈んで
うまくとじられません。

溶き卵を入れたら、
箸で触らず、
すぐにふたを。
トロトロから
しっかりまで
お好みに仕上げて。

おまけアレンジ

豚肉でも鶏肉でも、
好きなもので作ってください。

シンプルだから
食材の個性が生きる

この料理に使う調味料は、しょうゆと砂糖だけ。何か足したくなるかもしれませんが、シンプルだからこそ、牛肉やタマネギの風味が立つことをおいしく実感してください。

しょうゆと砂糖の割合は、甘辛いおかず全般に応用できるので、覚えておくと便利です。

卵は熱湯からゆで、好みのゆで加減に

①
卵は冷蔵庫から出したてを使用。
横から見て丸いほうに、
画びょうで穴を開けると
ゆでる時に殻が割れません。

画びょうはワインのコルクに刺しておけば、
引き出しの中で迷子になりません。

②
鍋に湯を沸かし、
おたまを使って、
卵を入れます。
湯に入れた瞬間から、
時間を測り始めましょう。

底にぶつかって
殻が割れないように
そっと優しく扱いましょう。

卵が沈むように、
たっぷりの湯で。

③
フツフツするくらいの
静かな火加減で、
好みのかたさにゆでます。
はじめの30秒ほど、
箸で転がすと、
黄身が真ん中に。
ゆであがったら冷水にとり、
殻全体にヒビを入れてから
水の中でむきましょう。

ゆで時間とゆで具合

とろとろ 4分

まだ白身もやわらかで、
殻がきれいにむけない状態。
スプーンですくいましょう。

ねっとり 6分

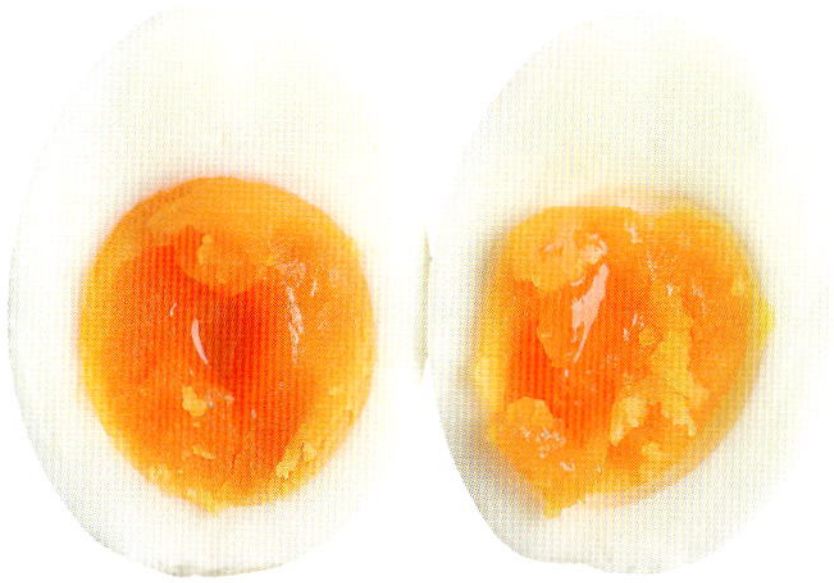

黄身がとろりとやわらかな半熟。

やや固 9分

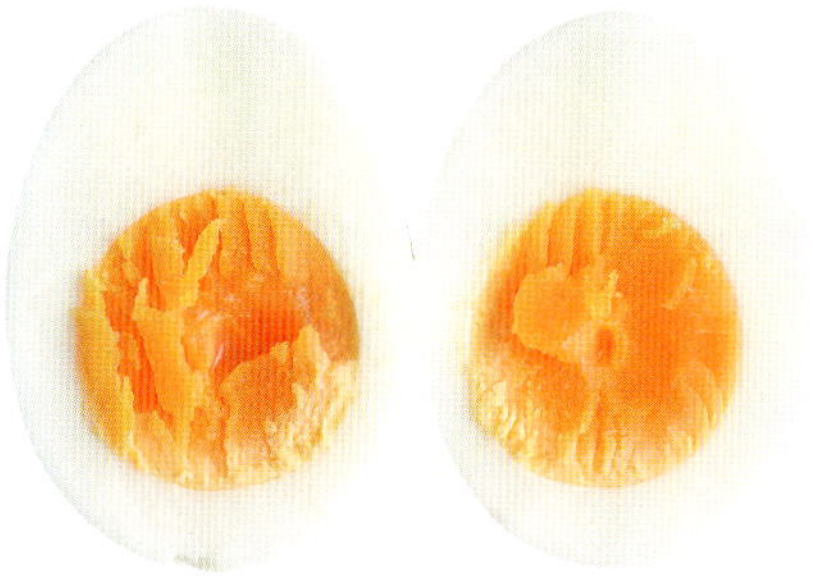

半熟と固ゆでの間。

かっちり 11分

固ゆで。
卵サンドにはこのゆで加減。

ゆで卵を上手に作るコツは、冷蔵庫から出したての卵を、必ず熱湯からゆでること。要するにいつも、同じ温度、同じ条件で作るのが大切なんです。

とはいえ、卵の大きさはマチマチです。今回は1個73〜75gの大きめサイズを使いました。ゆで時間の調整の目安にしてください。

← 次のページから「ゆで卵」を使ったレシピが載ってます。

グリーンアスパラのとろとろ卵のせサラダ

レモン汁か酢をかけて、卵とからめれば、お口の中でマヨネーズ！

材料（2人分）

- グリーンアスパラ …1束
- オリーブオイル …大さじ1
- ゆで卵（とろとろ） …1〜2個
- 塩、黒コショウ …各少々
- パルメザンチーズ（粉チーズでも可） …適量

1 アスパラ下ごしらえ

グリーンアスパラは根元のかたいところを折る。1㎝以上の太さのものは縦半分に切る。

2 蒸し焼きにする

フライパンを中火で熱してオリーブオイルをひき、グリーンアスパラを軽く炒める。水大さじ2（分量外）を入れてふたをし、30秒くらい蒸し焼きにする。

3 皿に盛って味付け

ゆで卵、チーズ、塩、黒コショウをかけ、とろとろの卵をからめて食べる。

卵のみそ漬け

ゆで卵を、最高においしい酒のつまみにする方法がみそ漬けです。1個ずつラップに包む方法だと、みそ床の量も最小限で済みます。

材料（作りやすい分量）

ゆで卵（好みの固さの）…6個

＜みそ床＞
みそ…60g
酒粕（板状）…40g
酒…20 mℓ

1 みそ床を作る
酒粕と酒を混ぜてやわらかくし、みそと混ぜる。

2 ゆで卵を包む
ラップにみそ床を塗り、ゆで卵をを包む。空気が入らないようにラップの口をねじって。

3 漬ける
冷蔵庫で1週間で食べ頃。1カ月待つとチーズのような感じに。1カ月半までに食べる。

イカは半生にゆでて保存、が使いやすい

イカを保存するには、色が変わる程度の半生に、火を通しておくのがおすすめです。そのまま和え物にしたり、炒め物も簡単に作れます。

皮に旨みがあるので、白く仕上げたい時以外はむきません。見た目よりおいしさ優先です。

52ページから「ゆでイカ」を使ったレシピが載ってます。

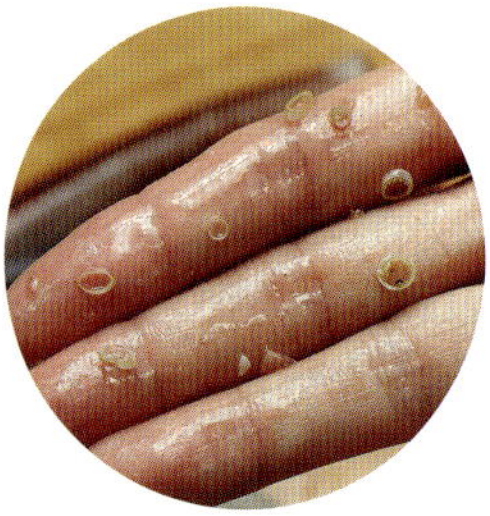

7 ゆでる前に、まずはイカをさばきます。

1
胴の中の足の付け根と胴がくっ付いているところを離します。

2
そのまま、そっと内臓と足を引き抜きましょう。

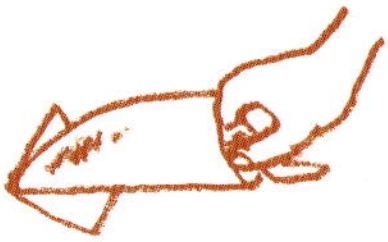

3
残っている内臓をかき出し、軟骨も抜き取ります。

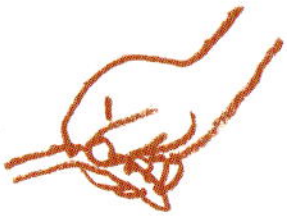

4
足の吸盤に付いている輪っかはかたいので、親指でしごき取ります。

5
足を切り離し、内臓を破かないよう目の部分も切り落します。

6
足の付け根にあるかたいくちばしも取り出します。

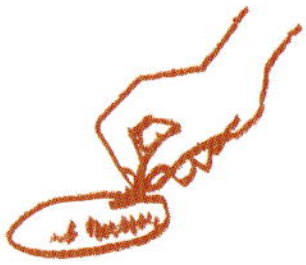

7
ワタにくっ付いている細いスミ袋をはがします。破くと真っ黒。慎重に！

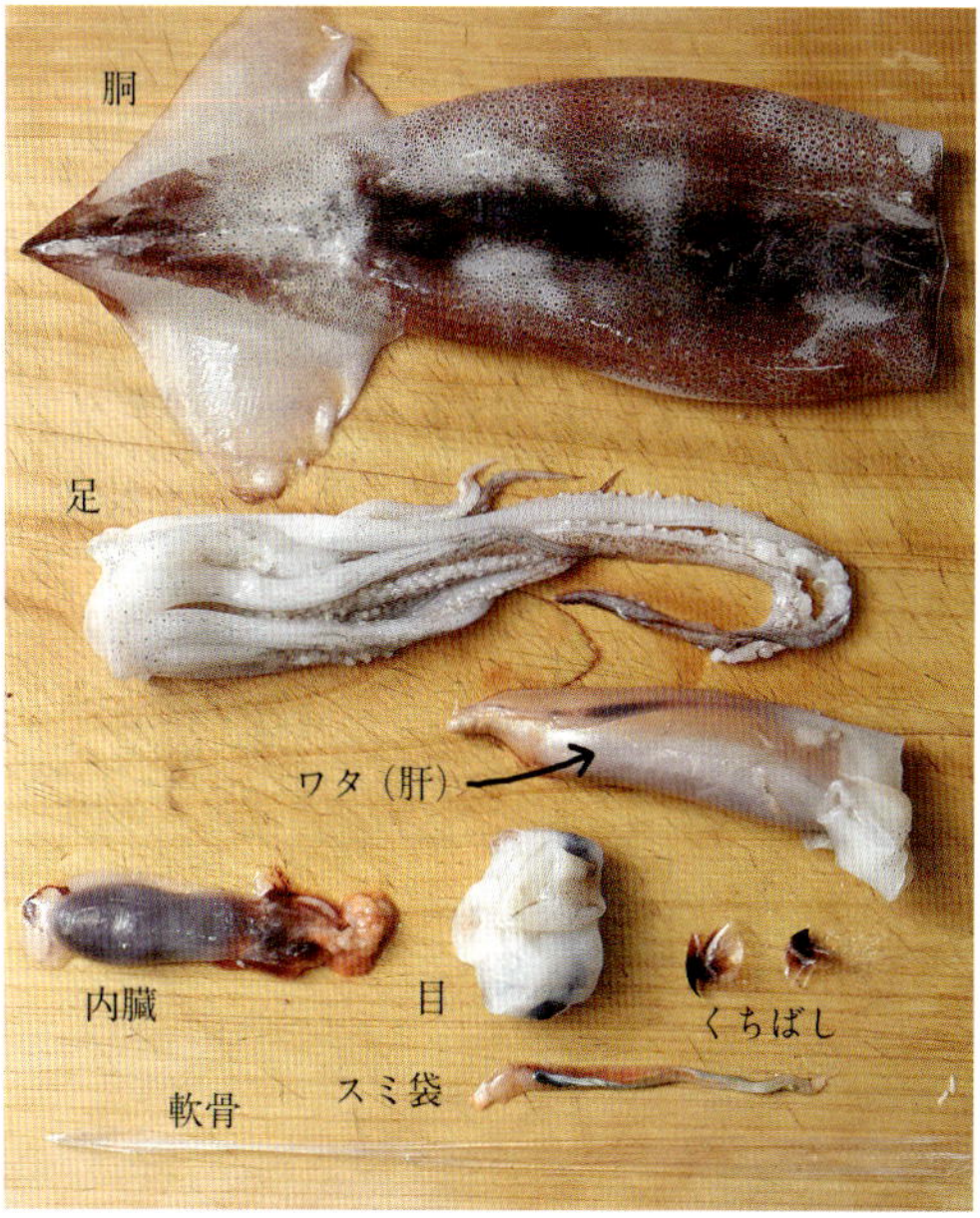

さばいたイカは冷水で洗い、水気をふき取ります。

表面は殺菌されるので、
適当な大きさに切り、
保存容器に入れておけば
1週間は楽しめます。

② 鍋に湯を沸かし、1・5ℓに対して小さじ1の塩を入れます。

③ イカを入れ、色が変わって全体がぷっくりとなったら引き上げ、ザルにあげて冷まします。

火の通りが違うので、
胴をゆでてから、
足は別にゆでて
ください。

半生のゆでイカは、刺身より甘みを感じます。和えるだけで日本酒が欲しくなるおつまみが完成です。

ゆでイカの ショウガじょうゆ和え

材料（2人分）

ゆでイカ…1杯
ショウガすりおろし…小さじ1/2
しょうゆ…小さじ1.5

1 イカの胴は1cm幅の短冊切りに、足は1本ずつ切り離して食べやすい長さに切る。

2 イカをボウルに入れ、ショウガとしょうゆを加えて和える。

わさびじょうゆ和え

材料（2人分）

ゆでイカ…1杯
塩蔵わかめ…30g
わさび…適量
しょうゆ…適量

1 塩蔵わかめは水でもどし、水気をきって食べやすい長さに切る。

2 イカはショウガじょうゆ和えの手順1と同様に切る。

3 わかめとイカを器に盛り、わさびじょうゆでいただく。

カンタン自家製
旨みたっぷり イカのワタしょうゆ

刺身で食べられるくらい新鮮なイカが手に入ったら、ワタしょうゆを作ってみてください。肝としょうゆの旨みが熟成された、濃厚な調味料になります。

材料（作りやすい分量）

- イカワタ…1杯分
- しょうゆ…適量

1. イカワタが隙間なくぴったり入る大きさの保存瓶を用意。イカワタを詰める。
2. しょうゆをひたひたに注ぎ、冷蔵庫で保存。

作った直後から食べられますが、長期保存も可能。写真はなんと1年もの。薄皮が溶けて、しょうゆと渾然一体に。

隠し味に大活躍します

イカの刺身と和えたり、イカ焼きに付けたり。チャーハンに少し加えても風味がアップ。イカと里いもの煮物の隠し味にも重宝しますよ。

ゆでイカと万能ねぎのチヂミ

多めの油でカリッと焼きましょう

具がようやくつながるぐらいの小麦粉を使って、作ります。粉を食べるのではなく、具を食べる料理なのです。油を多めにして焼くと、カリッと仕上がります。酢じょうゆやポン酢を付けていただきます。コチュジャンを添えてもおいしいですよ。

材料（2人分）

ゆでイカ…1杯
万能ねぎ…1/2把
パプリカ（赤）…1/4個
小麦粉…2/3カップ
水…1/3カップ
ゴマ油…大さじ2

酢じょうゆ（酢としょうゆ1：1）
またはポン酢（P.33）…適量

1 具を切る
イカは1cm幅の短冊に、足は1本ずつ切り離し、半分の長さに切る。万能ねぎは3cm長さに、パプリカは薄切りに。

2 たねを作る
ボウルに具と小麦粉を入れ、手でよく混ぜる。水を少しずつ加えながら、全体がまとまるまで混ぜる。

3 焼く
フライパンを中火で熱してゴマ油をひき、たねを全体に広げる。焼き色が付くまで2分ほど焼いたら、裏返して同様に焼く。

木ぶたを使うとよい（P.103参照）

4 切り分けて盛る
酢じょうゆかポン酢を付けて食べる。

具材と小麦粉は手で混ぜる

手で混ぜたほうが全体に粉がなじみます。

おまけアレンジ

ゆでイカの代わりに豚肉や白菜キムチを入れてもおいしいです。

おいしいオススメ
手は最高の調理道具

おいしい料理に必要なのは、鍋やフライパンのような道具だけではありません。一番大切な働きものは、自分の手。

混ぜる、ちぎるといった作業はもちろん、魚のウロコや骨などを、指先で触れながら取り除きます。慣れてくれば、肉の焼き加減やおむすびの握り加減も、手がほどよい具合をみるセンサーになるんです。

見ただけではわからない火加減は、耳、鼻、口が頼りです。油はパチパチ、シュワシュワという音の変化で、温度の変化や揚げ物の状態を教えてくれます。ゆでた枝豆のふっくらした香りや、炒めたニンニクの香りは「もうできたよ」の知らせ。

料理をする時は、五感をフル活用するのです。

ゆでイカの中華風サラダ

材料（2人分）

ゆでイカ…1杯
セロリ…10cm
パプリカ（赤）…1/4個
万能ねぎ…1/2把

＜ドレッシング＞
ニンニクみじん切り…小さじ1/4
ショウガみじん切り…大さじ1
しょうゆ大さじ1
酢…大さじ1
砂糖…小さじ1
ゴマ油…大さじ1
アーモンドみじん切り
（あれば）…大さじ2

1 具を切る

イカは1cm幅の短冊に、足は1本ずつ切り離し、半分の長さに切る。セロリは斜め薄切り、パプリカは薄切り、万能ねぎは3cm長さに切る。

2 ドレッシングを作る

ドレッシングの材料を混ぜ合わせる。

3 和える

食べる直前にイカと野菜、ドレッシングを和えて盛る。

ゆでイカと薬味野菜を刻んで和えるだけ。お酒もご飯もすすむ一品です。

おいしいオススメ

ぜったい便利！木ぶたと竹串

木ぶたは、文字通り鍋のふたですが、それだけではなく、じつはとても有能な調理道具なんです。

チヂミ（54ページ）やオムレツ（102ページ）をひっくり返す時は緊張するものですが、いったん木ぶたの平らな面にのせてからもどせば簡単です。

また、木ぶたでぎゅっと押さえ付ければ、鶏の皮はパリッと焼き上がります。

木製なので、軽く扱いやすく、熱くならないので慌てず作業できます。煮物によく使う鍋より、ひと回り小さいサイズを常備しておけば大活躍します。

竹串

木ぶた

竹串もまた、強力な調理の味方。ジャガイモやカボチャを煮ている時は、竹串がスッと刺されば、火が通った証拠です。爪楊枝でも代用できますが、長さがある竹串のほうが熱さが気になりません。

エビの背ワタを取る時（60ページ）にも便利です。

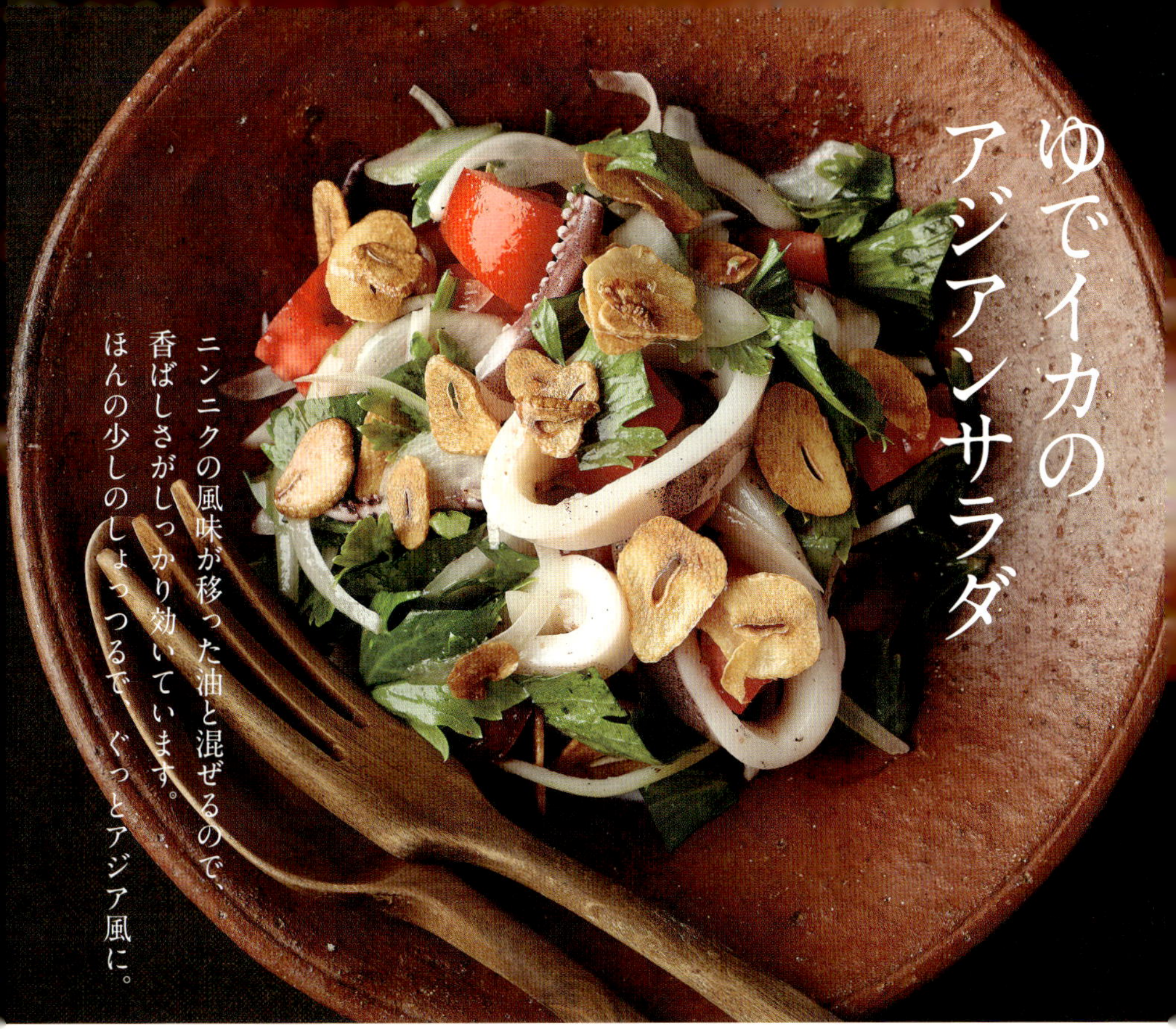

ゆでイカのアジアンサラダ

ニンニクの風味が移った油と混ぜるので、香ばしさがしっかり効いています。ほんの少しのしょっつるで、ぐっとアジア風に。

材料（2人分）

ゆでイカ…１杯
セロリの葉…１本分（または香菜1/2束）
トマト…小１個
タマネギ薄切り…1/4個分
ニンニク薄切り…２片分
ゴマ油…大さじ１

＜調味料＞
しょっつる（または薄口しょうゆ）
…小さじ１
レモン汁…大さじ１
塩…小さじ1/4
黒コショウ…少々
砂糖…小さじ1/4
好みで赤唐辛子の輪切り…少々

1 具を切る

イカの胴は７㎜幅の輪切り、足は切り分ける。セロリの葉は３㎝長さに、トマトは２㎝角に切る。

2 調味料とタマネギを混ぜる

タマネギの辛味をやわらげるため５分おく。

3 ニンニク油を作る

フライパンにニンニクとゴマ油を入れて弱火にかけ、キツネ色になるまで加熱する。

4 全部を混ぜる

具、調味料、ニンニク油をざっくりと混ぜる。

エビは殻ごと、蒸しゆでがおいしい

① 背ワタを取る
殻の真ん中の隙間に竹串を刺して、背ワタをそっと引き抜きます。

エビが重ならずにぴったり入るサイズの鍋を使ってください。

② 鍋に入れる
鍋にエビを並べ、8尾に対して酒と水各大さじ2を入れ、中火にかけます。

少量の酒と水で蒸しゆでにすることで、エビの旨みを逃しません。

傷みやすいエビは、買ったらすぐに火を通しておくと、おいしさが長もちします。
　大切なのは、殻付きのまま使うこと。殻から旨みが出て、身がおいしくなります。加熱は余熱で火が通ることを考えて軽めに。プリプリの食感に仕上がります。

← 62ページから「ゆでエビ」を使ったレシピが載ってます。

フタをとったところ。

③ 火を通す

煮立ったらふたをして、30秒ほど蒸して火を止めます。

④ 保存する

火が通り過ぎないようにすぐに取り出し、冷めたら保存容器に入れて冷蔵庫へ。1週間で使い切りましょう。

鍋に残った蒸し汁にも旨みが出ているので、いっしょに保存します。

殻をむくのは使う前に

親指で腹側をこそぐようにして足を取り、殻をくるっとむく。

風味が強い料理には焼きエビがおすすめ

フライパンに油をひかずにエビを並べて両面を焼き、ふたをして蒸し焼きに。蒸しエビと同様に保存。

エビときゅうりの中華風やっこ

豆腐は、ちぎると断面に味がよくからみます。
ニラとショウガの香味が効いたしょうゆをたっぷり。

材料（2人分）

木綿豆腐…1/2丁
ゆでエビ…6尾
きゅうり…1/2本

＜ニラしょうゆ＞
ニラ小口切り
…6本分
ショウガみじん切り
…大さじ1
しょうゆ…大さじ2
ゴマ油…大さじ1
黒コショウ…少々

1 豆腐の水気をきる
豆腐は紙タオルに5分くらいのせて、余分な水気をきる。

水きりはこれで十分

2 具を切る
エビは殻をむいてぶつ切り、きゅうりは5㎜角に切る。

3 ニラしょうゆを作る
材料を全部まぜておく。

4 器に盛って味付け
豆腐を一口大にちぎって具をのせ、ニラしょうゆをかける。

エビとキャベツ、グレープフルーツのサラダ

かんきつの酸味が効いて、さっぱり爽やか。たっぷりのキャベツが食べられます。

材料（2人分）

- ゆでエビ…6尾
- キャベツ
  - …小1/4個（200g）
  - 塩…小さじ1/2
- グレープフルーツ
  - …1/2個

＜ドレッシング＞
- オリーブオイル…大さじ1
- 甘酢（P.134）…大さじ3
- 黒コショウ…少々

1 キャベツを切って塩もみ

キャベツは1.5㎝角に切り、塩でもみ、水気を絞る。

2 具を切る

エビは殻をむき半分に切る。グレープフルーツは薄皮をむく。

包丁を使うと薄皮が形よくむけます

3 和える

具とドレッシングを和える。5分ほどおくと、味がなじむ。

エビきゅうちらし

材料（3〜4人分）

かためにに炊いたご飯…２合分
甘酢（P.134）…大さじ４
ゆでエビ…８尾
きゅうり…２本
白いりゴマ…大さじ３

＜炒り卵＞
卵…３個
砂糖…大さじ１
塩…少々
サラダ油…小さじ２

1 具の下ごしらえ
エビは殻をむいてぶつ切り。きゅうりは薄い輪切りにして、塩小さじ1/2（分量外）を振り、しんなりしたら水気を絞る。

2 炒り卵を作る
卵に砂糖、塩を混ぜる。フライパンを中火で熱してサラダ油をひき、卵液を流し入れ、かき混ぜて粗い炒り卵にする。

3 寿司飯を作る
炊きたてのご飯に甘酢を混ぜ、冷ます。

4 混ぜる
寿司飯と具、炒り卵を混ぜ、盛り付けてゴマを振る。

寿司飯作りは釜の中で

大きなボウルを用意しなくても、鍋や炊飯器の内釜で作れます。真ん中をドーナツ状にすると早く冷めます。

こんな具もおいしい

- 野沢菜みじん切り＋しらす
- たくあんみじん切り＋マグロ
- 焼き鮭のほぐし＋きゅうりの薄切り
- 牛そぼろ＋紅ショウガ

身近な材料でも豪華に見えるちらし

ちらし寿司はハレの日の料理と思われがちですが、じつは忙しい時こそ頼れる一品。ゆでエビと甘酢があれば、彩りを加えるだけでできてしまいます。

特別な道具がなくても大丈夫。寿司飯は、炊飯器の内釜で作れば手間も省けます。

エビとアボカドのサンドイッチ

レタスは折りたたんでたっぷりがおいしい

家でサンドイッチを作るなら、好みの具をたっぷり挟んだほうが、おいしさも楽しさもアップします。

大切なのは、水分を含む材料がパンに触れないこと。その壁となってくれるのがレタスです。パンの大きさに合わせて折りたたみ、たっぷり挟めば、シャキシャキのみずみずしい食感が楽しめます。

材料（2人分）

食パン（8枚切り）…4枚
ゆでエビ（または焼きエビ）
…6尾
トマト…1個
アボカド…1個
レタス…4枚

＜調味料＞
マヨネーズ…大さじ2
カレー粉…小さじ1/2
塩…小さじ1/4
黒コショウ…少々

1 具を切る
エビは殻をむいて厚みを半分に切る。トマトは輪切りに。アボカドは種を取って皮をむき（P.20）、1.5㎝角に切る。

2 調味料と混ぜる
エビ、アボカド、調味料を混ぜる、アボカドは少しつぶし気味に混ぜるといい。

3 パンに挟む
レタスは折りたたんでたっぷり挟む。

4 ラップに包んで切る
ラップでぴっちり包み、その上から包丁で半分に。

トマトは紙タオルで水気をきる

旨みを逃さず、余分な水分だけを取ります。

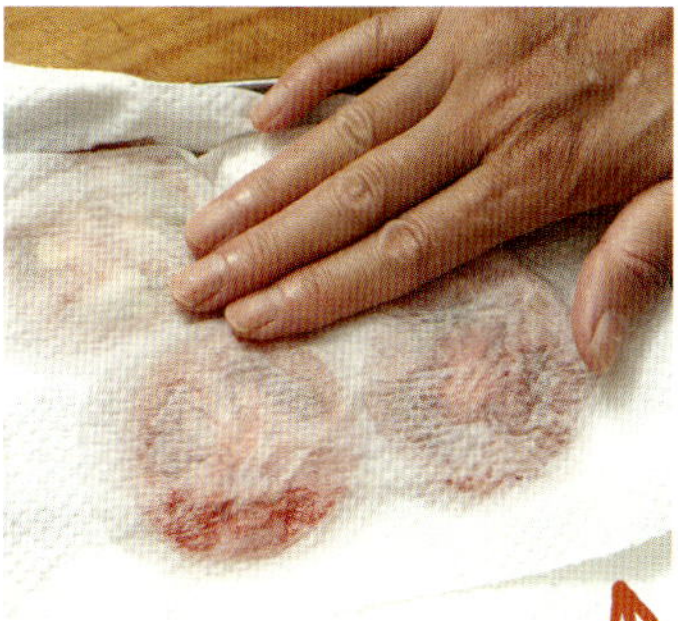

ラップに包んでスパッと解決

具だくさんのサンドイッチをうまく切れないのは、パンがずれるから。ぴっちり包んだラップごと切ればラク。

パンに塗るのはバター？それともマヨネーズ？

サンドイッチにはバターが定番ですが、すぐに食べるならマヨネーズでも。

青菜はまとめてゆでて、絞らず保存

① 洗う

まずは根元を
水につけて、
泥をやわらかくして、
流水で洗います。

② ゆで始め

鍋に4ℓの湯を沸かし、
塩大さじ1を入れます。
沸騰したら
青菜を
根元のほうから入れ、
自然に曲がるまで、
しばらく手で持ったまま
待ちます。

青菜をまとめてゆでて、冷蔵庫に保存しておけば、野菜が足りないと思う時でも、おひたしや和え物がすぐ作れます。

保存の時に気をつけたいのは、冷ました青菜は絞らず容器に入れること。水気を絞るとすぐに傷んでしまうので気をつけて。

← 70〜72ページに「ゆで青菜」を使った和え物のバリエーションが載ってます。

③ ゆで終わり

葉先まで湯に入れ、
再沸騰から1分くらいゆでます。
途中で一度、上下を返しましょう。

菜箸で根元を持ち、
曲げられる状態に
なっていれば、
やわらかくなっている証拠。

④ 冷ます

引き上げて冷水にとり、
粗熱を取ります。

⑤ 絞らない

水の中で根元を揃えてから、
引き上げましょう。
ここでは絞らず
水がしたたっていても
いいのです。

⑥ 保存

保存容器に入れ、冷蔵庫へ。
1週間で使い切ります。
その間に容器の中に出た水は捨てましょう。
使う分だけ、そのつど水気を絞ります。

ほとんどの青菜はこのやり方で大丈夫

小松菜、ほうれん草、春菊、水菜、ニラなどの青菜は、この方法でゆでて保存することができます。

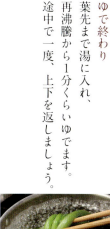

ゆで小松菜で‥

青菜をゆでたら、まずおひたしと和え物。ちくわや肉などをプラスすれば、ボリュームのあるおかずになります。

　青菜を絞るときは、水分を残すように軽く絞ります。

からし和え

練りからしのピリリが
食欲を刺激します。

材料（2人分）

- 小松菜の塩ゆで…1/2把
- ＜調味液＞
- だし汁…1/4カップ
- しょうゆ…大さじ1
- 練りからし…小さじ1/3

1 小松菜は食べやすい長さに切って、軽く水気を絞る。

2 ボウルに調味液を入れてよく混ぜ、小松菜にからめて味がしみるまで3分ほどおく。

3 器に盛って、練りからし（分量外）を添える。

みりんじょうゆ和え

箸休めになる
やさしいおいしさです。

材料（2人分）

- 小松菜の塩ゆで…1/2把
- 白いりゴマ…大さじ1
- しょうゆ…小さじ2
- みりん…小さじ2

1. 小松菜は食べやすい長さに切って、軽く水気を絞る。
2. ボウルに小松菜、しょうゆ、みりんを入れて混ぜる。
3. 器に盛り、ゴマを振る。

ゴマ和え

香ばしくゴマが香ります。
ちくわを入れて
ボリュームアップ。

材料（2人分）

- 小松菜の塩ゆで…1/2把
- ちくわ…2本
- <和え衣>
- 白すりゴマ…大さじ3
- しょうゆ…大さじ1
- 砂糖…小さじ2

1. 小松菜は食べやすい長さに切って、軽く水気を絞る。
2. ちくわは縦四つ割りにして、2cm長さに切る。
3. ボウルで和え衣の材料を混ぜ、食べる直前に具を入れて混ぜる。

酢じょうゆ和え

ショウガの風味が生きている。

材料（2人分）

- 小松菜の塩ゆで…1/2 把
- ゆで豚（P.28）…薄切り２～３枚
- ショウガせん切り…薄切り６枚分
- ＜調味料＞
- 酢…大さじ１
- しょうゆ…大さじ１
- ゴマ油…小さじ１

1. 小松菜は食べやすい長さに切って、水気を軽く絞る。
2. 豚肉は２㎝幅に切る。
3. ボウルに具とショウガを入れ、調味料を加えて和える。

カッテージチーズのサラダ

フレッシュチーズのやさしいコク。パンにも合います。

材料（2人分）

- 小松菜の塩ゆで…1/2 把
- ツナ缶…小１缶
- タマネギみじん切り…大さじ２
- マヨネーズ…大さじ１
- 塩…小さじ 1/4
- 黒コショウ…少々

- カッテージチーズ（P.73、または市販品）…大さじ４
- オリーブオイル…大さじ１
- しょうゆ…小さじ１

1. 小松菜は上と同様に下ごしらえする。ツナ缶は余分な油をきってほぐす。
2. ボウルにタマネギとマヨネーズ、塩、黒コショウを入れて混ぜ、5分おく。

   タマネギの辛味が抜けます

3. 具と残りの調味料も全部混ぜて器に盛り、黒コショウ（分量外）を振る。

カンタン自家製 実験みたい？ カッテージチーズ作り

意外に簡単にできるので、ぜひ手作りしてみてください。あまり分離しないな?　と思ったらレモン汁を少し足してみて。できたチーズはそのままサラダやサンドイッチなどに。

材料（作りやすい分量）

- 牛乳…1 ℓ
- レモン汁…大さじ 3
- 塩…小さじ 1/4

1 鍋に牛乳を入れ、沸騰直前まで温めたら火を止めてレモン汁を入れる。ひと混ぜして、モロモロと分離してきたら塩を加えて静かに混ぜる。

2 完全に分離した状態になったら、ガーゼで漉して、自然に水分をきる。

清潔な保存容器に入れ、冷蔵庫へ。1 週間から 10 日で使い切りましょう。

マイルドだから野菜にぴったり

野菜と和えたり、サンドイッチに入れたり、はちみつといっしょにトーストにも。もちろん、そのままでも。

野菜それぞれに、おいしいゆで方がある

湯に油を入れて 中華風ゆでレタスの熱々《あつあつ》

ちょっと手間をかけると
ぐっとおいしくなる、
野菜のゆで方を紹介します。

①
鍋に湯を沸かし、
塩、サラダ油を入れます。

ツヤが出て色も鮮やか、
断然、おいしく仕上がります。

②
レタスを破らないよう、
菜箸の持ち手側の太いほうで沈めて、
全体が透き通るまで、しっかりとゆでます。

サッとゆでては変色します！

短時間でサッと引き上げないといけないイメージですが、その逆。すぐに上げると、レタスのあくが出て、変色してしまいます。しっかりゆでても、シャキシャキは保てますよ。

サクラエビで旨みアップ

サクラエビを
粗く刻んで仕上げにパラリ。
淡白なレタスに旨みと
香ばしさが加わって、
ぐっとおいしく。

材料（2人分）

- レタス…1個
- 熱湯…2ℓ
  - 塩…小さじ1
  - サラダ油…大さじ2
- サクラエビ…大さじ3
- 塩、黒コショウ、ゴマ油…各少々

1. サクラエビは粗く刻む。
2. レタスは1枚ずつはがし、大きいものは4等分くらいに裂く。
3. 鍋に湯を沸かし、塩、サラダ油を入れ、レタスを入れる。2分ほどゆでて引き上げる。
4. 熱々を皿に盛り、サクラエビ、塩、黒コショウ、ゴマ油をかける。

レンチンがおすすめ

もやしのラー油和え

材料（2人分）

もやし…1袋（200g）
食べるラー油（P.16）
…小さじ2
酢…小さじ1
しょうゆ…小さじ1
塩、黒コショウ…各少々

1 もやしを耐熱容器に入れる。ふたをしっかり閉めない状態で電子レンジに入れ、500Wで3分半加熱する。

2 容器に出た水分を捨てる。熱いので火傷に気をつけて！

3 食べるラー油、酢、しょうゆを入れて混ぜる。塩、黒コショウで調え、器に盛る。

もやしのヒゲは取らなくても

最近のもやしは根が短かめですが、気になる場合は取りましょう。

自らの水分で加熱すれば、風味も逃げません。

ゆでたらすぐに
ザルにあげる

カリフラワーのアンチョビマヨサラダ

ホクホク感を残すためには、冷水につけてはいけません。

材料（2人分）

カリフラワー…1/2個
パセリみじん切り…少々

＜アンチョビマヨネーズ＞
アンチョビ（フィレ）…2切れ
マヨネーズ…大さじ1
オリーブオイル…大さじ1
塩、黒コショウ…各少々

1 カリフラワーは一口大に切り分ける。

2 鍋に湯を沸かし、塩少々（分量外）を加えてカリフラワーをゆでる。

3 菜箸がスッと刺さるようになったら、熱々のままザルにあげて冷ます。

4 アンチョビマヨネーズの材料を混ぜる。
（アンチョビは）つぶしながら

5 カリフラワーをアンチョビマヨネーズで和え、塩、黒コショウで調味し、パセリを振る。

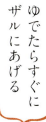

炒め蒸しに
グリーンアスパラの炒め蒸し

材料（2人分）

- グリーンアスパラ…1束
- オリーブオイル…大さじ1
- 塩…小さじ 1/4
- 黒コショウ…少々
- 水…大さじ2

根元のかたいところは
ピーラーで厚くむくと、
ムダなく使えます。

1 グリーンアスパラは根元のかたいところを折って取る。直径が1㎝以上の太いものは、縦半分に切る。

2 フライパンでオリーブオイルを中火で熱し、グリーンアスパラを入れる。

3 軽く炒めたら、水を入れてふたをし、1分蒸し焼きに。器に盛り、塩、黒コショウを振る。

炒め蒸しは
おいしさを逃さない

高温で火を通すと、旨みと甘みがぐっと増します。

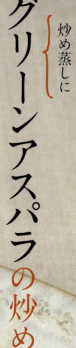

ゆであがりは匂いでわかる

ゆで枝豆

ゆで加減は季節でも変わります

シーズンの終わり頃になると、枝豆もパンパンに身が詰まってきます。ゆで時間もその分、長めに。

材料（2人分）

枝豆…1袋（300ｇ）
塩…適量

もみこむときの塩は小さじに山盛り1杯。思い切って入れましょう。

1 枝豆は洗って水気をきり、ボウルに入れる。塩小さじ1を振ってしっかりともみ、10分おく。

2 鍋に湯を沸かし、2ℓに対して大さじ1の塩を入れ、枝豆を塩まみれのまま入れる。

3 3分くらいを目安に、枝豆のいい匂いがしてくるまでゆでる。

一つ食べて、ゆで具合を確かめるといい

4 ザルにあげ、好みで塩少々を振って混ぜる。

もみこむことで、表面の毛が取れ、緑色も鮮やかになります。

1個ならレンチン
とってもシンプルなポテサラ

2個以上なら鍋ゆで

皮をむいて一口大に切ったジャガイモと、かぶるくらいの水を鍋に入れて中火にかけ、やわらかくなるまでゆでます。

1個なら断然レンチン

洗ったジャガイモを丸ごとラップに包んで電子レンジへ。５００Ｗで３分。竹串が抵抗なく、スッと刺さればＯＫ。

熱いうちに皮をむく

ジャガイモが熱々のうちに皮をむきます。ふきんで包んでむくと作業がしやすくなります。

レンチンだと水分が抜けやすいので、ポテサラなら水か牛乳を少し多めに入れます。

おまけアレンジ

ニンジン、きゅうり、コーンなど、お好みの具を加えてアレンジしてOK。

材料（2人分）

- ジャガイモ
  …2個（1個150ｇ）
- タマネギみじん切り…1/4個分
  - マヨネーズ…大さじ1.5
  - 塩…小さじ1/5
  - 黒コショウ…少々
- ハム…3枚（30ｇ）
- 水または牛乳…大さじ2～3

1 ジャガイモは竹串がスッと入るまで鍋でゆでる。

2 ボウルにタマネギ、マヨネーズ、塩、黒コショウを入れて混ぜ、5分おく。ハムは5㎜角に切る。

3 ジャガイモのゆで汁をきり、熱いうちにつぶす。

4 ジャガイモ、タマネギ、ハムを一気に混ぜる。かたさをみて水か牛乳で調節する。少しやわらかめに仕上げるのがコツ。

冷めると少しかたくなります

材料は一気に混ぜます。
混ぜ過ぎは
ねばりが出るので注意。

水か牛乳でかたさ調節。
水だとジャガイモの風味が
際立ち、牛乳を入れると
まろやかに。

レンジと好相性

カボチャとカッテージチーズのサラダ

材料（3～4人分）

- カボチャ…1/4個
- タマネギみじん切り…1/4個分
  - マヨネーズ…大さじ2
  - 塩…小さじ1/5
  - 黒コショウ…少々
- クルミ…30g
- カッテージチーズ（P.73）…70g

グラグラしない角度に
安定させれば、
かたい皮でも
切りやすい

1 カボチャをチンする

カボチャは皮ごと2cm角に切って耐熱容器に入れ、ふたをして500Wのレンジで7分加熱する。

2 他材料の下準備

クルミは粗く刻む。ボウルにタマネギとマヨネーズ、塩、黒コショウを入れて混ぜ、5分おく。

3 混ぜる

カボチャをつぶし気味にしながら、クルミ、タマネギ、カッテージチーズと混ぜる。

ジャガイモより長めにチン

大人の長いもサラダ

材料（2人分）

長いも…1/2本(200 g)
万能ねぎ小口切り
…1/4把分
しらす…40 g
マヨネーズ…大さじ2
塩…小さじ1/4
黒コショウ…少々

いもはなんでもポテサラになる

長いも、里いも、なんでも加熱すればホクホク。いろんなおいもでポテサラが作れます。

1 長いもをチンする

長いもは皮をむき、一口大に切って耐熱容器に入れてふたをする。500Wのレンジで5分を目安に、竹串がスッと刺さるまで加熱する。

2 混ぜる

長いもを熱いうちにつぶし、他の材料をすべて入れて混ぜる。

万能ねぎは
多めにたっぷり入れるとおいしい。
塩はしらすの塩気をみながら加減して

めんをゆでるには ちょっとしたコツがある

固めゆで たらこスパゲティ

たらこスパに大根おろしをのせました。バターとの相性もいいんです。

① 鍋に湯を2ℓ沸かし、塩小さじ2を入れます。

② スパゲティを入れます。自然に曲がるようになったら、菜箸で湯に沈め、ひと混ぜします。ポコポコの火加減をキープ。

③ パッケージの表示時間通りにゆでて、1本食べてみましょう。やわらかめが好きなら、あと30秒ゆでます。

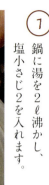

材料（1人分）

- スパゲティ
  …100 g
  熱湯…2 ℓ
  塩…小さじ2
- たらこほぐしたもの
  …大さじ3
- バター…大さじ1
- 黒コショウ…少々
- 大根おろし…1/2 カップ
- 大葉…4枚
- 好みでしょうゆ…適量

1 スパゲティをゆでる

右ページのように。

2 他の材料の下準備

大根おろしはザルに入れて軽く水気をきる。大葉はせん切りにする。バターは室温において、やわらかくしておく。

3 混ぜる

スパゲティはゆで上がったらゆで汁をきって、鍋にもどす。たらこ、バター、黒コショウを入れて混ぜ、味をみてたりなければ塩（分量外）をたす。

4 盛り付ける

皿に盛り、大葉と大根おろしをのせる。好みでしょうゆをかける。

勇気をもって倍時間ゆで

ナポリタン

①
鍋に湯を2ℓ沸かし、
塩小さじ2を入れます。

②
スパゲティを入れます。
自然に曲がるようになったら、
菜箸で湯に沈め、ひと混ぜします。
ポコポコの火加減をキープ
しながら、パッケージ表示の
倍の時間ゆでます。

③
ザルにあげて湯をきったら
鍋にもどし、2人分に対して、
サラダ油大さじ1をまぶし、
ふたをしてそのまま冷まします。

一度冷ましてから炒めると
ケチャップがよく
しみ込みます。

材料（2人分）

- スパゲティ…200 g
- タマネギ…1/2 個
- ピーマン… 1 個
- ウインナーソーセージ …3 本

- トマトケチャップ …大さじ 4
- 水…大さじ 2
- サラダ油…大さじ 2

- 好みで粉チーズ、 タバスコ…各適量

1 スパゲティをゆでて冷ます
上のように。

2 具の材料を切る
タマネギ、ピーマンは 5 ㎜幅に切る。ウインナーは斜め切りに。

3 具とめんを炒める
フライパンにサラダ油大さじ 1 を熱して具を入れ、中火で 3 分炒める。ふやかしておいたスパゲティを入れて、あたたまるまで炒める。

4 味を調える
ケチャップ、水を加え、全体がオレンジ色になるまで炒める。

おいしいサイン

5 盛り付ける
皿に盛り、好みで粉チーズ、タバスコを振る。

和風スパゲティのめんは「アルデンテ」じゃなく、ぜったい「やわらかめ」にゆでるのがおすすめです。勇気を出して、表示の倍の時間ゆでましょう。あの懐かしい味のナポリタンができあがります。

冷たくするスパゲティはやわらかゆでで

冷めるとめんがかたくなるので、冷たくして食べるパスタはやわらかめにゆでます。マカロニサラダも“倍時間ゆで”で。

塩を入れずにゆでる

カルボうどん

①

鍋にたっぷりの湯を沸かし、乾めんのうどんを入れます。くっ付かないように菜箸でさばき、コトコト煮立つくらいの火加減でゆでます。

②

途中、さし水をして吹きこぼれないように。あたたかい汁めんは表示よりややかため、冷やす場合はやややわらかめにゆでます。

材料（1人分）

うどん（乾めん、冷凍、ゆでどれでも）…1束（1玉）

卵…1個
しょうゆ…大さじ2
バター…小さじ1～2
万能ねぎ小口切り…4本分
粉チーズ…大さじ2
黒コショウ…少々

1 めんをゆでる

乾めんは上のようにゆでる。冷凍やゆでうどんを使ってもいい。

2 味付けの用意

あたためた丼に卵、しょうゆを入れてよく混ぜ、バターを入れる。

3 混ぜる

うどんのゆで汁をよくきり、丼に入れて手早く混ぜる。万能ねぎ、粉チーズ、黒コショウを振り、混ぜながらいただく。

うどんに洋風の調味料も合うのです。卵としょうゆで食べる釜揚げうどんは、バターやチーズを加え、黒コショウを振るだけでおいしさ倍増。

しょうゆとバターの相性は抜群なので、熱々ご飯でもお試しください。

冷や汁そうめん

半透明になったらゆであがり

夏に大活躍するそうめんも、めんつゆだけでは飽きてしまいますし、栄養も偏ります。

そんな時に作っていただきたいのが、この冷や汁そうめん。少々手間はかかりますが、豆腐ときゅうりの冷たさで、涼しさもアップ。そのままご飯にかけてもおいしいので、夏バテの時にも頼りになります。

材料（2人分）

そうめん…適量
きゅうり…１本
木綿豆腐…1/2 丁

みそ…大さじ２
だし汁…300 ㎖
めんつゆ（３倍濃縮のもの）
…大さじ 1.5
白すりゴマ…大さじ４

1 きゅうりの下準備

きゅうりは薄い薄切りにし、塩小さじ 1/4（分量外）を振っておく。しんなりしたら水気を絞る。

軽～く

2 みそを焦がす

みそをフォークの先にはり付け、直火であぶって焦がす。このひと手間で香ばしさが加わる。

3 冷や汁を作る

すり鉢またはボウルにみそを入れ、冷たいだし汁を少しずつ入れて溶きのばす。めんつゆ、すりゴマを入れ、手でちぎった豆腐、きゅうりも加えて混ぜる。

4 めんをゆでて盛り付ける

器に冷や汁を入れ、冷たいそうめんをつけながらいただく。

ご飯に
かけてもおいしい

1 鍋にたっぷりの湯を沸かし、そうめんを入れたら、くっ付かないよう菜箸でさばいてほぐします。吹きこぼれないくらいの火加減をキープ。

2 菜箸で数本引き上げ、めんが半透明になっていればゆであがり。ザルにあけ、冷水で洗ってぬめりを取り、水気をきります。

3 盛り付けるときには、指３本でつまみ取りながら小分けにすると、一口分ずつ、取りやすくなります。

余ったそうめんは冷蔵保存。
炒めたり、汁めんにしたり。

やわらかめにゆでる

冷やし中華

冷やすとめんが締まってかたくなるので、冷やし中華は少しだけ長めにゆでるのがコツ。

冷やし中華のたれは、家にある調味料でも簡単に作れます。たれが付いていない中華めんを買って、好きな具で、自分好みに調味したたれで味わってみてはいかがですか?。

1 鍋にたっぷりの湯を沸かし、中華めんをほぐしながら入れます。くっ付かないよう、菜箸でさばき、吹きこぼれないくらいの火加減でゆでます。

2 表示の時間より30秒ほど少しだけ長めにゆでて、ザルにあげます。

3 流水でぬめりを取るようにして洗い、水気をきります。

めんをこすり合わせるように洗い、ぬめりを取る。

材料（2人分）

- 中華生めん…2玉
- きゅうり…1本
- ハム…6枚
- 塩蔵わかめ…20 g
- 卵…1個
- サラダ油…小さじ1

＜たれ＞

- しょうゆ…大さじ2
- 酢…大さじ2
- 砂糖…小さじ2
- 水…大さじ2
- ゴマ油…小さじ2

白いりゴマ、
練りからし、紅ショウガ
…各適量

1 具を切る

きゅうり、ハムはせん切り。わかめは水洗いして水につけてもどし、食べやすく切る。

2 卵を焼く

卵は塩少々（分量外）を加えて割りほぐす。フライパンを中火で熱してサラダ油を薄くひき、卵を全面に広げる。表面が乾いたら裏返して焼き、せん切りにする。

3 たれを作る

たれの材料をすべて混ぜ合わせておく。

4 めんをゆでて盛り付ける

上のようにめんをゆでて皿に盛る。具をのせ、たれをかけ、ゴマを散らして、練りからし、紅ショウガを添える。

炒める

炒める順番と時間で、
家でもシャキッと旨い炒め物。

炒め物は、野菜の旨みをとじ込めて甘みを引き出す、調理法です。
中華料理店では、強い火力のコンロを使って短時間で炒めますが、
家庭のコンロではそれをお手本にはできません。
火力の弱いコンロでもおいしくできる、
家庭での炒め物の作り方をぜひ覚えてください。
野菜を中火でゆっくり炒めると、ぐっと甘みと旨みが増し、
少ない調味料で十分おいしく仕上がります。
じっくり炒めても、シャキシャキ感はなくなりません。
塩も控えめにできますから、健康にもよいのです。
旨みを出す炒め方を覚えたら、料理のレパートリーも増えて、
野菜不足は一気に解消されるかもしれません。

キャベツ肉炒め

材料（2人分）

キャベツ
…小 1/4 個（320 g）
長ねぎ…1/2 本
ニンニク…１片
豚薄切り肉
（またはゆで豚）
…５枚（100 g）
塩、黒コショウ
…各少々
小麦粉…小さじ 2
ゴマ油…大さじ 1.5

＜たれ＞
赤みそ…大さじ 2
みりん…大さじ 1.5

塩、黒コショウ
…各少々

1 豚肉とたれの下準備

豚肉は３㎝幅に切って塩、黒コショウ、小麦粉をまぶす。赤みそとみりんは混ぜ合わせておく。

このひと手間で肉がかたくならない

2 野菜を切る

キャベツは一口大のざく切り、長ねぎは５㎜幅の斜め切りに。

3 野菜を炒める

フライパンを中火で熱してゴマ油大さじ１をひき、キャベツ、長ねぎを焦がさないように３〜４分炒める。

時間を守って

4 豚肉を加え炒める

野菜をしっかりと炒めたらフライパンの片側に寄せ、空いたところに残りのゴマ油を入れ、薄切りにしたニンニクと豚肉を炒める。

5 味を付ける

肉に火が通ったら強火にしてたれを入れ、一気に炒め合わせる。味をみて、塩、黒コショウで調える。

野菜は3、4分しっかり炒めるととても甘くなります

家で野菜炒めを上手に作るには、弱火でじっくり水分を飛ばしながら炒めます。〝強火で手早く〟のお店での作り方とは逆ですが、必ずおいしくできます。

肉とニンニクは、野菜を炒めたあとに加えて炒めると、やわらかく仕上がります。

炒めたあとに
水を入れて
炒めゆでにする

中華料理屋さんの青菜炒めのように、しっとりシャッキリ、味のなじんだ炒め物。あれは、水分の効果なんです。高温で一気に炒めゆでにすると、青菜の芯までしっかり火が通り、歯応えも残ります。油のコクがあるから、青菜だけでも満足感は十分。

小松菜の塩炒め

材料（2人分）

小松菜…1把
ニンニクせん切り
…1片分
ショウガせん切り
…薄切り4枚分
好みで赤唐辛子の輪切り
…1/2本分
ゴマ油…大さじ1
水…50 mℓ

塩…小さじ1/4
黒コショウ…少々
顆粒鶏スープの素
…小さじ1/4

1 小松菜を5cmに切る

2 炒める
フライパンを中火で熱してゴマ油をひき、ニンニク、ショウガ、赤唐辛子、小松菜を入れて炒める。

3 水を入れて蒸し煮
しんなりしたら強火にして、水を加えて煮立てる。

4 味を付ける
小松菜の茎がやわらかくなったら、余分な水を捨て、塩、黒コショウ、顆粒鶏スープの素で味を調える。

ナスとひき肉のみそ炒め

材料（2人分）

ナス…4本
豚ひき肉…100 g
　塩、黒コショウ
　…各少々
　小麦粉…小さじ2
ニンニク薄切り
　…1片分
ゴマ油…大さじ1.5

<たれ>
みそ（赤っぽいもの）
　…大さじ2
みりん…大さじ2

好みで七味唐辛子
　…少々

1 ナスを切る
ヘタを取り、縦半分に切って斜め薄切りに。

2 ひき肉とたれの下準備
豚ひき肉に塩、黒コショウ、小麦粉をまぶす。みそとみりんは混ぜ合わせておく。

3 ナスを炒める
フライパンを中火で熱してゴマ油をひき、ナスを入れてしんなりするまでじっくり炒める。

4 ひき肉を加え炒める
ナスをフライパンの片側に寄せ、空いたところでニンニクとひき肉を炒める。肉に火が通ったら、全体を混ぜる。

5 味を付ける
たれを加え混ぜ、強火にして煮詰めるように全体を炒め合わせる。器に盛り、好みで七味唐辛子を振る。

ナスは油を吸っても油を足さないで炒め続けて

ナスは、スポンジみたいに油を吸います。つい足したくなりますが、そこはぐっと我慢して炒め続けます。ナスに火が通ると、今度は吸った油が外に出てきますから。これがおいしくナスを炒めるポイントです。

白菜チーズオムレツ

そのまま食べても、
ソースやかつおぶしを
かけてもおいしい

材料（2～3人分）

白菜…1/8株（250g）

＜卵液＞
卵…4個
牛乳…大さじ2
塩…小さじ1/4
黒コショウ…少々

ピザ用チーズ…50g
オリーブオイル
（またはバター）
…大さじ2

1 白菜を切る
繊維を断つ方向に、7㎜幅に切る。

2 卵液を作る
卵を割りほぐし、牛乳、塩、黒コショウを加えて混ぜる。

3 白菜を炒める
フライパンを中火で熱してオリーブオイルを入れ、白菜をくたくたになるまで4～5分炒める。

焦がさないように注意して、
しっかり火が通るまでじっくり

4 卵液を加えて焼く
チーズと卵液を加え、木べらで大きくゆっくり混ぜる。全体が半熟状になったら、混ぜずに30秒くらい焼き、左ページの要領で裏返して、もう片面も中火で1分ほど焼く。

オムレツは木ぶたでひっくり返す

①

卵が半熟状に固まったら、フライパンよりひと回り小さいサイズの木ぶたをのせます。

②

木ぶたを手でしっかり押さえた状態で、えいやっとフライパンを逆さに返しましょう。

③

フライパンを離すと、木ぶたの裏にオムレツがのっかった状態。

④

木ぶたを傾けながら、オムレツをフライパンへ滑らせてもどし、裏側を焼きます。

粉の入らないお好み焼きの感覚です。チーズが入るし、オリーブオイルで焼きますが、ソースやかつおぶし、しょうゆやポン酢とよく合います。炒めた白菜の優しい甘さにホッとします。〝秘技、木ぶた返し〟は、ひっくり返す瞬間は緊張しますが、木ぶたなら熱くならないので、しっかりと持って作業できます。

白菜は、
くたくたになるまで
しっかりと炒めます。

豚薄切り肉とピーマンのショウガ焼き

材料（2人分）

- 豚薄切り肉…150g
  - 黒コショウ…少々
  - 小麦粉…小さじ2
- ピーマン…5個
- ゴマ油…大さじ1

- ショウガすりおろし…小さじ1
- しょうゆ…大さじ1

1 豚肉の下準備

豚肉は2cm幅に切り、黒コショウ、小麦粉をまぶす。

好みの部位でOK

2 ピーマンを切る

縦半分に切ってヘタと種を取り、1cm幅の斜め切りに。

3 ピーマンを炒める

フライパンを中火で熱してゴマ油をひき、ピーマンを4分ほどしっかり炒める。

4 豚肉を加え炒める

ピーマンをフライパンの片側に寄せ、空いたところで豚肉を炒める。

5 味を付ける

肉に火が通ったら全体を混ぜ、ショウガ、しょうゆを加えて炒める。

肉の下味に小麦粉をまぶす

1枚ずつ広げて粉をはたくのは面倒だから、ざっくりとまぶすだけでOK。こうすると、肉がやわらかく仕上がるし、余分な水分も吸ってくれるのです。

肉はあとから炒める

ピーマンの甘みを出すためにじっくり炒めるので、肉はあとから入れましょう。

おまけアレンジ しょうゆと同量のみりんを入れて、ちょっと甘めにしても。

豚キムチ

相性抜群の豚肉とキムチ。卵を加えて炒めると、さらにやさしい味わいになります。豚肉をサバ缶に変えてもおいしくできます。そうめんのおかずや、焼きうどんの具にもぴったり。大活躍のおかずです。

好みで
黒コショウを
振っても

豚キムチ　おかず展開	
→	そうめんや豆腐に添えて 韓国の定番つまみに
→	具を小さく切って 焼きそば、 チャーハンに
→	だし汁で煮て みそを溶くと チゲ、みそ汁に
→	鶏スープと野菜や 豆腐を足して煮ると キムチ鍋に

材料（2人分）

豚薄切り肉……160 g
白菜キムチ……100 g
万能ねぎ……1/2 把
ゴマ油……大さじ 1
しょうゆ……小さじ 1

1 具を切る
豚肉は 3 cm幅に切る、キムチは水気を絞らずにざく切り。万能ねぎは 3 cmに切る。

2 肉を炒める
フライパンを中火で熱してゴマ油をひき、豚肉を炒める。

3 キムチを加え炒める
肉に火が通ったら、キムチを入れて炒め合わせる。

4 味を付ける
万能ねぎを入れてさっと混ぜ、しょうゆを加えてできあがり。

もやしと卵のあんかけ炒め

材料（2人分）

豚ひき肉…100 g
もやし…１袋
万能ねぎ…６本
卵…３個
ゴマ油…大さじ１

＜あんかけ調味料＞
水…１カップ
顆粒鶏スープの素
　…小さじ 1/2
塩…小さじ 1/3
黒コショウ…少々
片栗粉…大さじ１

1 野菜と調味料の下準備
万能ねぎは２㎝の斜め切り。卵は溶きほぐす。調味料は混ぜ合わせておく。

2 豚ひき肉ともやしを炒める
フライパンを中火で熱してゴマ油をひき、豚ひき肉を炒める。もやしを加え、３分ほど炒める。

3 卵を加え炒める
肉ともやしをフライパンの片側に寄せ、空いたところに卵を入れて、粗いスクランブルエッグ状にして全体を合わせる。

4 調味料を入れて煮立てる
片側に寄せ、空いたところに調味料を入れ、フライパンを傾けて煮立て、とろみがついたら全体を混ぜる。

5 盛り付ける
皿に盛り、万能ねぎをのせる。

ひき肉は箸でつまめる大きさに

大きめに炒めるほうが箸で食べやすいし、食感も楽しめます。水分をしっかりとばしましょう。

フライパンの片側で卵を炒める

もやしを片側に寄せて、空いたところで卵を炒めれば、フライパンひとつでいっぺんに調理できます。卵の風味も全体になじみます。

おまけアレンジ

カリッと焼いた焼きそばにのせてもおいしい。

豆腐はかたまりのまま フライパンの片側で焼いて

かたまりのまま焼いてから崩すと、驚くほどふるふるの食感に。ざっくり切った断面に調味料もなじむのです。

ゴーヤちゃんぷる〜

豆腐は自分の重みで
出てきた水分を
きるだけで十分です。

材料（2人分）

- 木綿豆腐…1/2丁
- ゴーヤ…１本
- 卵…１個
- ゴマ油…大さじ１

- 塩…小さじ 1/3
- 黒コショウ…少々
- 顆粒鶏スープの素…小さじ 1/4
- かつおぶし…適量
- 紅ショウガ…適量

1 材料の下準備

豆腐は紙タオルにのせて、余分な水気をきる。ゴーヤは縦半分に切り、種とワタを親指でこそげ取って５㎜厚さに切る。卵は割りほぐしておく。

2 豆腐とゴーヤを炒める

フライパンを中火で熱してゴマ油をひき、片側に豆腐を入れる。空いたところでゴーヤを炒め、ときどき豆腐を転がして全面に焼き色を付ける。

3 味を付ける

ゴーヤにしっかり火が通ったら、豆腐をヘラでざっくり崩し、全体を炒め合わせて塩、黒コショウ、顆粒鶏スープの素を振る。

4 卵を加え炒める

フライパンの片側に寄せて、空いたところに卵を入れ、大きく混ぜて半熟状になったら全体を合わせる。

5 盛り付ける

皿に盛り、かつおぶし、紅ショウガを添える。

鶏肉とシイタケの照り焼き炒め

皮をカリッと焼いてから、たれをからめて味付けします。余分な脂が抜けて、鶏皮が苦手な人にも食べやすくなります。おかずにもお酒のおつまみにもぴったりの、照り焼きです。

鶏もも肉の観音開き

皮を下にして縦におく。

中心より左側の
厚みのある部分に
包丁を入れて開く。

180°回転させ、
もう片側も
同じように開く。

全体が
ほぼ同じ厚みに。

材料（2人分）

鶏もも肉……１枚
シイタケ……４枚
シシトウ……１０本

しょうゆ……大さじ 1.5
みりん……大さじ 1.5
好みで粉山椒……少々

1 材料を切る

鶏もも肉は観音開きにして、厚みを均一にする。シイタケは石づきを取って半分に切る。シシトウに包丁で切れ目を入れる。

2 鶏肉を焼く

フライパンを中火で熱し、鶏肉の皮を下にして入れる。木ぶたでぎゅっと押し付けながら焼き、焼き色が付いたら裏返す。こちら側は押さずに焼く。

3 鶏肉を取り出して切る

菜箸が鶏肉にスッと刺されば火が通っているので、取り出して食べやすい大きさに切る。

4 野菜と鶏肉を炒める

鶏肉から出た脂でシイタケ、シシトウを炒める。火が通ったら鶏肉を、焼き汁ごともどして強火に。

5 味を付ける

しょうゆ、みりんを入れて煮立て、とろみがつくまで煮からめる。好みで粉山椒を振る。

木ぶたでぎゅっと

押さえると、皮がパリッと香ばしく焼けます。

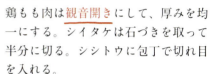

しょうゆ味の炒め物にちょっとオイスターソースを足すとコクが増す

オイスターソースは味付けのときに少し足すだけで、ぐっと旨みがアップして本格的な味になります。とても長持ちする調味料なので、1本常備してぜひ使ってみてください。

厚揚げときのこのオイスターソース炒め

材料（2人分）

絹厚揚げ…１枚
長ねぎ…１本
シイタケ…４枚
ニンニクせん切り
…１片分
ショウガせん切り
…薄切り４枚分
ゴマ油…大さじ１

オイスターソース
…小さじ２
しょうゆ…大さじ１
黒コショウ…少々

1 具を切る
厚揚げは一口大に、長ねぎは１㎝幅の斜め切りに、シイタケは石づきを取り、７㎜厚さに切る。

2 野菜を炒める
フライパンを中火で熱してゴマ油をひき、ニンニクとショウガを炒める。香りが出たら長ねぎ、シイタケを入れて２分炒める。

3 厚揚げを加え炒める
厚揚げを加えて、あたたまるまで炒める。

4 味を付ける
オイスターソース、しょうゆ、黒コショウを加えて炒め合わせる。

きのこは冷凍できます
使いやすい大きさに切って冷凍しておくと便利。そのままみそ汁や炒め物に。

ごぼうとベーコンのオリーブオイル炒め

オリーブオイルは、しょうゆや和の食材とも相性よくなじみます。なかでもごぼうは、お互いの風味がとても合います。

オリーブオイルを、白菜漬けにひとたらししてみてください。香りのおかげでいつもとは違ったおいしさになりますよ。

材料（2人分）

ごぼう…細いもの２本（100g）
ベーコン…２枚（40g）
オリーブオイル…大さじ１

しょうゆ…小さじ２
酢…小さじ１

パセリみじん切り…大さじ１
黒コショウ…少々

1 材料の下準備

ごぼうはタワシで皮をこすり洗いし、斜め薄切り（太いものは縦半分に切ってから）にして水にくぐらせる。ベーコンは短冊に切る。

2 炒める

フライパンを中火で熱してオリーブオイルをひき、ベーコンを炒め、ごぼうを入れる。しんなりするまで2分炒める。

3 味を付ける

しょうゆ、酢を入れて炒め、パセリと黒コショウを振る。

おまけアレンジ

レンコンや長ねぎ、エリンギでもおいしくできます。

イカとトマトのバジル炒め

材料（2人分）

- イカ…1杯
- トマト…大きめ1個
- タマネギ薄切り…1/4個分
- ニンニクみじん切り…1片分
- オリーブオイル…大さじ1.5
- 塩…小さじ1/3
- 黒コショウ…少々
- バジルの葉…1枝

1 イカとトマトを切る

イカは50ページを参考にさばき、胴は1cmの輪切り、足は食べやすく切る。トマトはヘタを取ってくし形に切る。

2 タマネギを炒める

フライパンを中火で熱してオリーブオイルをひき、ニンニクとタマネギを炒める。

3 トマトとイカを加え炒める

タマネギがしんなりしたら強火にして、トマトを加えて炒める。トマトがちょっと崩れてきたら、イカを入れてサッと炒める。

4 味を付ける

イカがプリッとしたら塩を入れ、全体を混ぜる。器に盛って黒コショウを振り、バジルをのせる。

イカは炒め過ぎると
かたくなる
半生くらいの気持ちで

イカを炒めるときは、余熱も見越して半生くらいに仕上げるつもりで作ると、ちょうどいい具合にできあがります。

おまけアレンジ　パスタの具にもなります。

合いびき肉の和風ドライカレー

野菜をたっぷり使ったドライカレーです。でもなぜ〝和風〟なの？ それは味付けの決め手がしょうゆなのです。
　タマネギを茶色になるまで炒めずに短時間で作れるので、お弁当にもおすすめです。

材料（2人分）

合いびき肉…150g
タマネギみじん切り
　…1/2枚分
ニンジンみじん切り
　…５㎝分（50g）
シイタケみじん切り
　…２枚分
ピーマンみじん切り
　…１個分
ニンニクみじん切り
　…小さじ１
ショウガみじん切り
　…大さじ１
バター…大さじ１

カレー粉…大さじ１
しょうゆ…大さじ３
砂糖…大さじ１
水…50㎖

ご飯…適量
好みで目玉焼き、レタス、トマト、マヨネーズ、黒コショウ…各適量

1　野菜を炒める
フライパンを中火で熱してバターを溶かし、タマネギ、ニンジンを炒める。タマネギが透き通ったら、他の野菜をすべて入れて炒める。

2　肉を加え炒める
野菜がしんなりとしたらひき肉を加えて炒める。

3　味を付ける
肉に火が通ったら、カレー粉を入れて炒める、香りが立ったらしょうゆ、砂糖、水を加え、水気がなくなるまで煮詰めるようにして炒める。

とろみをつけたい場合は、
カレー粉といっしょに
小麦粉小さじ２を振り入れる

4　盛り付ける
皿にご飯を盛ってカレーをかけ、好みで目玉焼き、レタス、トマトなどを添える。野菜にマヨネーズ、目玉焼きに黒コショウをかける。

おまけアレンジ

鶏ひき肉で作ると
あっさり味に。
混ぜご飯にしても、
おむすびにしてもいいです。

ご飯は
ヘラを寝かせて
面で押すと米粒が
つぶれません

しょうゆ味の焼きめしには、豚肉が一番です。赤身ひき肉や鶏肉でもおいしくできますし、ウインナーやハムでもOK。

うちでは土曜日のお昼の定番でした。炒め過ぎるとご飯がつぶれてパラリとしないので、注意しましょう。

焼きめし

材料（2人分）

- ご飯…茶碗２杯分
- 長ねぎ粗みじん切り
  …1/2 本分
- 豚薄切り肉…100g
- なると（なくても可）…８cm
- サラダ油…大さじ 1.5

- しょうゆ…小さじ４
- 塩、黒コショウ…各少々

- 紅ショウガ…少々

1　具を切る

豚肉は１cm幅に切る。なるとはせん切り。

2　肉を炒める

フライパンを中火で熱してサラダ油をひき、豚肉、なるとの順に入れて炒める。

3　長ねぎを加え炒める

豚肉に火が通ったら長ねぎを加えて軽く炒める。

4　ご飯を加え炒める

ご飯を入れ、ヘラの面を押し付けては上下を返しながら、具とご飯を炒める。

5　味を付ける

強火にしてしょうゆ、塩、黒コショウを入れて調味する。器に盛って紅ショウガを添える。

揚げる

温度を守れば意外に簡単。
上手に揚げる衣付けの方法って？

揚げ物大好きな人って多いですよね。
メンチカツやコロッケのおいしい店には、行列ができるくらいです。
家でもぜひ、おいしい揚げ物を作ってみませんか？
家の揚げ物は、少し小さめに作ると
揚げ時間が短くできますし、揚げ物の鍋も小さめで大丈夫です。
温度を守れば意外と簡単に揚がりますし、ハネも少なくできます。
衣付けをちょっとだけラクにする方法も載せました。
自分で作るから揚げは、衣が薄く、軽やかな揚げ上がりです。
揚げたて熱々を食べられるのも、手作りのよさです。
一度にたくさんできますから、
人が集まる時やお弁当にも喜ばれます。

油の温度は
湿らせた菜箸を
入れてチェック

低温（160℃）

菜箸のまわりに、
少しだけ、
泡が出始めた状態。

中温（170℃）

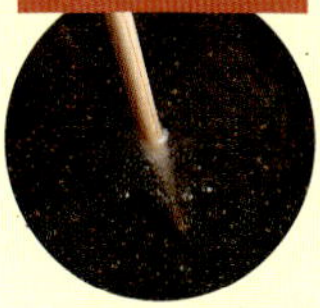

シュワシュワと
細かい泡が
出てきます。

高温（180℃）

菜箸を入れた瞬間、
バーッと激しい泡が
立ちます。

ひと口かつ

市販の天ぷら粉は天ぷら以外にもお役立ち！　パン粉のフライに使うと、素材の水分を逃さずジューシーに仕上がります。衣がはがれやすいナスやイカ、ウインナーも天ぷら粉ならしっかりくっ付きます。

串かつを爪楊枝で小さく作ると、衣付けも揚げるのも気楽にできます。

材料（2～3人分）

＜具＞
豚ロース肉（厚さ1cmくらい）…1枚
ウインナーソーセージ
タマネギ
ナス
シイタケ
ピーマン…各適量
塩、黒コショウ…各少々

＜衣＞
天ぷら粉…2/3カップ
水…1/2～2/3カップ
乾燥パン粉…適量

揚げ油…適量
ソース、ポン酢、醤油、レモン、
マヨネーズなど…各適量

衣の付け方

天ぷら粉を溶く水は、少ないと厚い衣に、多くすると薄い衣に。

たっぷりの乾燥パン粉に埋めるように。

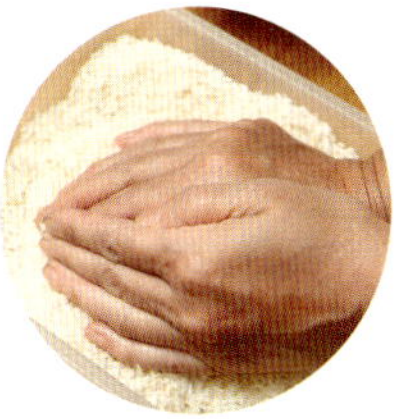

両手でギュッと押さえパン粉を密着させる。

1 具を切る
具は食べやすい大きさに切って楊枝を刺し、軽く塩、黒コショウを振る。

2 衣を付ける
天ぷら粉を水で溶き、具を1本ずつくぐらせ、パン粉をまぶす。

楊枝を持って衣を付ければ付けやすい

3 揚げる
揚げ油は170℃の中温に。一度にたくさん鍋に入れると油の温度が急激に下がるので、油の中でかつが泳げるくらいの分量ずつを揚げる。衣がキツネ色になって浮き上がったら、揚げ上がり。

4 好みの調味料で食べる
器に盛り、ソースなど好みの調味料を付けて食べる。

鶏から揚げ

味付けはしょうゆと卵だけの、シンプルなから揚げです。まず基本の味を覚えれば、いろいろアレンジができ、料理の幅が広がります。

卵を加えるとコクが加わるだけでなく、水分が逃げにくいので、冷めてもかたくなりません。

材料（3～4人分）

- 鶏もも肉…２枚
  - 卵…１個
  - しょうゆ…大さじ２
- 小麦粉…１カップ
- 揚げ油…適量
- レモン…適量

1 鶏肉を切って下味を付ける

鶏もも肉は一口大に切り、卵としょうゆを入れたボウルでよく混ぜる。そのまま15分以上おいて味をしみ込ませる。

2 粉をまぶす

鶏肉の汁気をしっかりきってから小麦粉の上におき、まんべんなく粉をまぶす。

3 試しに１個揚げる

揚げ油を170℃の中温に熱して、最初に１個入れてみる。シュワシュワと泡立てば適温なので、続いて入れていく。

4 揚げる

鶏肉の表面がかたまるまではさわらない。鶏肉が浮かんできたら火が通った合図。器に盛ってレモンを添える。

必ず浮き上がるまで揚げる

汁気をきって、粉は薄くはたく

汁気をよくきり、1個1個ていねいに粉をはたくと、粉も薄く付いて軽い食感に。

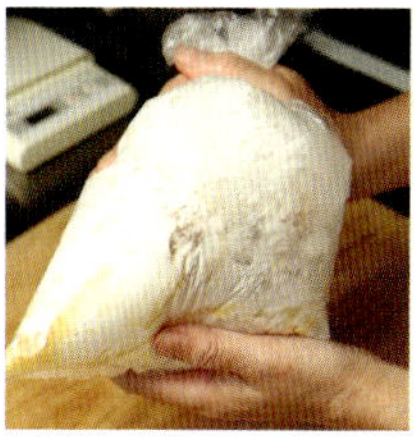

ポリ袋に粉と汁気をきった鶏肉を入れ、空気を入れてふくらませ、よく振ると、手が汚れません。

下味はこんなアレンジも

ニンニクとショウガのすりおろしを足して
→スタミナ味

しょうゆをみそに変えて
→まろやか味

しょうゆ味にカレー粉を足して
→カレー味

サクサク天ぷら

炭酸水で溶いた衣は、誰が揚げてもサクサクになります。野菜は低温、エビは高温で揚げるのを忘れずに。卵が入らなくても、おいしい天ぷらができるのです。

エビが曲がるのを切り込みで防ぎます

腹側に数カ所、深めに切り込みを入れておくと、まっすぐ揚がります。

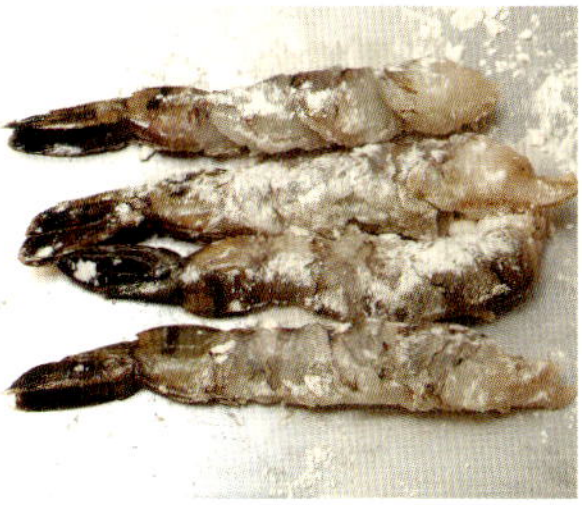

小麦粉をはたくと衣が脱げません

小麦粉を薄くはたいてから衣を付けると、はがれにくくなります。

材料（2～3人分）

＜具＞
エビ…4尾
ピーマン…1個
ナス…1本
パプリカ…1/4個
シイタケ……2枚
小麦粉（エビ用）…適量

＜衣＞
小麦粉…1カップ
炭酸水…1/2カップ
塩…小さじ1/4

揚げ油…適量
塩、レモン、
天つゆ※…各適量

1 エビの下準備

エビは背ワタを取り、尾を残して殻をむく。腹側に3～4カ所切り込みを入れ、尾の先を切り落とす。薄く小麦粉をはたいておく。

2 野菜を切る

野菜は食べやすい大きさに切る。

3 衣液を作る

ボウルに小麦粉、塩を入れ、冷たい炭酸水を一気に注いで混ぜる。

4 野菜を揚げる

揚げ油は低温の160℃に。野菜を衣にくぐらせて揚げる。箸でさわってコンコンと乾いた音がしたら揚げ上がり。

一度に入れ過ぎないこと

5 エビを揚げる

揚げ油を180℃の高温にし、エビを衣にくぐらせて揚げる。浮き上がってカリッとなったら揚げ上がり。器に盛り合わせ、塩やレモン、天つゆで食べる。

※天つゆはめんつゆを薄めたものでOK。

おまけアレンジ 添える塩には抹茶やカレー粉、粉山椒を混ぜても。

大根と長いものから揚げ ポン酢漬け

材料（2人分）

- 大根…20 cm（300g）
- 長いも…20 cm（300g）
  - 小麦粉…適量
- 揚げ油…適量
- ポン酢（P.33）
  - …1/2 カップ
- 水…1/2 カップ
- カイワレ菜（なくても可）
  - …少々

1　大根、長いもを切る

大根、長いもは皮をむいて3cm角に切り、小麦粉を薄くまぶす。

2　揚げる

揚げ油は160℃の低温に。大根、長いもを入れ、菜箸がスッと刺せて完全にやわらかくなるまで、10分ほど弱めの火で揚げる。

3　ポン酢に漬ける

ポン酢と水を合わせ、揚げたてを入れて漬ける。カイワレ菜を添える。

大根は揚げてもおいしい

大根やカブのように
水分の多い野菜は、
粉をはたいてゆっくり揚げます。

持て余す長いも食べきりのワザ

長いもを揚げると、
いつもとまた違う
ホクホクの食感が味わえます。

おまけアレンジ

揚げたてを、塩でそのまま食べてもおいしい。

じっくり揚げた野菜は、ゆでるのとは違った魅力があります。ぐっと甘みが増します。

大きく切ったナスやパプリカを揚げてポン酢に漬けると、夏のお惣菜におすすめです。

甘酢

この甘酢を作っておけば、
あれも作れる、
こうも使える。

甘酢があると、漬け物やすし酢、酢の物、炒め物などの料理に使えます。3つの調味料を混ぜ合わせるだけ。常温で長期保存できるので、気軽に作って常備してください。

基本の甘酢

酢 200㎖
＋
砂糖 大さじ4
＋
塩 小さじ1

混ぜるだけ！

ポイポイ甘酢漬け

余った野菜をポイポイ加えるだけ

材料（作りやすい分量）

＜漬け汁＞
甘酢…１カップ
水…１カップ

＜野菜＞
大根、ミョウガ、きゅうり、パプリカ、ショウガ、ニンジン、カブ、タマネギ、セロリなど適量

1 保存容器に漬け汁の材料を合わせておく。

2 野菜はそれぞれ、食べやすい大きさに切る。

3 野菜を漬け込む。３時間後から食べられるので、お好みの漬け具合で。10日くらいで食べ切りましょう。

カレーピクルス

サラダ油を入れてコクを増す

材料（作りやすい分量）

＜ピクルス液＞
甘酢…１カップ
カレー粉
　…小さじ１
サラダ油
　…小さじ１
ローリエ…１枚

＜具＞
タマネギ…1/2個
ウズラの卵（水煮）
　…10個
プチトマト…10個
ニンジン、セロリ
　…各適量

1 保存容器にピクルス液の材料を混ぜ合わせておく。

2 タマネギ、ニンジン、セロリは一口大に切る。プチトマトはヘタを取り、楊枝で数カ所に穴を開ける。

3 具を漬け込む。１週間後くらいから食べごろ。３カ月くらいで食べ切りましょう。

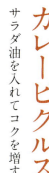

甘酢をベースに

鶏もも肉とわかめ、トマトのショウガ酢の物

相性のよい甘酢とトマトで酢の物に。

材料（2人分）

- ゆで鶏…1/2 枚（P.10 または P.22）
- 乾燥わかめ…5 g
- トマト…1/2 個
- ショウガすりおろし…小さじ 1
- 甘酢…1/2 カップ

1 ゆで鶏は、もも肉なら一口大に切り、むね肉なら食べやすい大きさに手で裂く。どちらでもお好みで。

2 わかめはたっぷりの水でもどしてざく切りにする。トマトは一口大に切る。

3 ボウルに、甘酢、ショウガ、具をすべて入れて和え、器に盛る。残った甘酢は適量かける。

魚介も野菜も合います

エビやタコぶつ＋わかめときゅうりなどもオススメ。ショウガ以外にわさびやゴマ、ゆずこしょうで風味付けしても。

甘酢＋しょうゆで

鶏から揚げとタマネギの南蛮漬け

甘酢を水で割ってから漬けるので、お酢が苦手な人でも食べやすい味です。

材料（2〜3人分）

- 鶏から揚げ（P.128）…もも肉1枚分
- タマネギ…1/2個

＜南蛮酢＞

- 甘酢…1カップ
- 水…1カップ
- しょうゆ…大さじ1
- 赤唐辛子輪切り…少々

1 タマネギは繊維に沿って薄切りにする。

2 ボウルに南蛮酢の材料を入れて混ぜ、タマネギを入れてしんなりするまでおく。

3 揚げたての鶏から揚げを入れて全体にからめ、冷めるまで漬け込む。

おまけアレンジ　鮭やアジなどのから揚げを漬けても。

甘酢1カップで炒め煮

カジキマグロとパプリカの甘酢炒め

材料（2人分）

カジキマグロ
…２切れ
塩、黒コショウ
…各適量
小麦粉
…大さじ２
パプリカ…１個
シイタケ…２枚
タマネギ…1/2個
万能ねぎざく切り
…４本分
ゴマ油…大さじ１

甘酢…１カップ

1 カジキマグロは一口大に切り、塩・黒コショウを振って小麦粉をまぶす。

後で
とろみになる

2 パプリカはヘタと種を取り一口大に、シイタケは石づきを取って薄切りに。タマネギは繊維に沿って１cm幅に切り、長さを半分にする。

3 フライパンを中火で熱してゴマ油をひき、カジキマグロを炒める。少し焼き色が付いたらフライパンの片側に寄せ、空いたところで野菜を炒める。

4 タマネギが透き通ったら甘酢を入れて全体を混ぜ、強火に。トロッとしてツヤが出てくるまで煮詰め、万能ねぎを加える。

味付けは甘酢だけ。たっぷり使いますが、煮詰めることで酢が旨味に変わります。

甘酢＋調味料

炒め酢豚

肉や野菜を揚げずに、炒めて仕上げるから簡単。

材料（2～3人分）

豚肉（厚めのショウガ焼き用）…6枚
　塩、黒コショウ…各適量
　小麦粉…大さじ1
タマネギ…1/2個
ピーマン…1個
シイタケ…2枚
ニンジン…3cm
ゴマ油…大さじ1

＜合わせ調味料＞
甘酢…1カップ
砂糖…大さじ1
しょうゆ…大さじ3
片栗粉…大さじ1

1 豚肉は2cm幅に切り、塩、黒コショウ、小麦粉をまぶす。

2 タマネギ、ピーマンは一口大に、シイタケは石づきを取って薄切りに、ニンジンは短冊に切る。

3 合わせ調味料の材料を混ぜておく。

4 フライパンを中火で熱してゴマ油をひき、豚肉を炒めて軽く焼き色が付いたら取り出す。

5 同じフライパンで野菜を炒め、タマネギが透き通ったら豚肉をもどして強火に。合わせ調味料を底からよく混ぜてから加え、ヘラで全体を混ぜながら、とろみがついて透明感が出るまで煮詰める。

おまけアレンジ

豚肉の代わりに鶏や魚のから揚げでもおいしくできます。

素材別さくいん

野菜・いも・きのこ・果物

〔アボカド〕
エビとアボカドのサンドイッチ…66
鶏肉とアボカドのメキシカンサラダ…20

〔いんげん〕
鶏むね肉といんげんのゴマ和え…23

〔枝豆〕
ゆで枝豆…79

〔大葉〕
鶏もも肉とレタス、食べるラー油の生春巻…14
ゆで牛肉と薬味野菜の黄身おろし…40
ゆで豚の韓国風野菜包み…34

〔カボチャ〕
カボチャとカッテージチーズのサラダ…82

〔カリフラワー〕
カリフラワーのアンチョビマヨサラダ…77

〔キャベツ〕
エビとキャベツ、グレープフルーツのサラダ…63
キャベツ肉炒め…96

〔きゅうり〕
エビきゅうちらし…64
エビときゅうりの中華風やっこ…62
鶏もも肉ときゅうりのゴマだれ冷菜…12
冷やし中華…92
冷や汁そうめん…90

〔グリーンアスパラ〕
グリーンアスパラの炒め蒸し…78
グリーンアスパラのとろとろ卵のせサラダ…48

〔グレープフルーツ〕
エビとキャベツ、グレープフルーツのサラダ…63

〔ごぼう〕
ごぼうとベーコンのオリーブオイル炒め…116

〔ゴーヤ〕
ゴーヤちゃんぷる〜…111

〔小松菜〕
小松菜とカッテージチーズのサラダ…72
小松菜のからし和え…70
小松菜のゴマ和え…71
小松菜の塩炒め…99
小松菜の酢じょうゆ和え…72
小松菜のみりんじょうゆ和え…71
鶏むね肉とゆで青菜のおひたし…24
ゆで牛肉ともやしのビビンパ…42
ゆで鶏と青菜のクッパ…19

〔シイタケ〕
厚揚げときのこのオイスターソース炒め…115
カジキマグロとパプリカの甘酢炒め…138
鶏肉とシイタケの照り焼き炒め…112

〔シシトウ〕
鶏肉とシイタケの照り焼き炒め…112

〔ジャガイモ〕
とってもシンプルなポテサラ…80

[香菜]
ゆで牛肉と焼きナスのタイ風サラダ…38

[セロリ]
ゆでイカのアジアンサラダ…59
ゆでイカの中華風サラダ…57
ゆで豚とセロリのショウガ炒め…36

[大根]
大根と長いものから揚げポン酢漬け…132
たらこスパゲティ…84
ゆで牛肉と薬味野菜の黄身おろし…40

[タマネギ]
カジキマグロとパプリカの甘酢炒め…138
とってもシンプルなポテサラ…80
鶏から揚げとタマネギの南蛮漬け…137
鶏肉とアボカドのメキシカンサラダ…20
ナポリタン…86
ゆでイカのアジアンサラダ…59
ゆで牛肉とタマネギの卵とじ…44
ゆで牛肉と焼きナスのタイ風サラダ…38

[トマト]
イカとトマトのバジル炒め…118
エビとアボカドのサンドイッチ…66
鶏肉とアボカドの
メキシカンサラダ…20
鶏もも肉ときゅうりのゴマだれ冷菜…12
鶏もも肉とわかめ、
トマトのショウガ酢の物…136
ゆでイカのアジアンサラダ…59

[長いも]
大人の長いもサラダ…83
大根と長いものから揚げポン酢漬け…132

[長ねぎ]
厚揚げときのこの
オイスターソース炒め…115
鶏の熱冷うどん…18
焼きめし…123
ゆで豚のねぎ塩ラー油和え…30

[ナス]
ナスとひき肉のみそ炒め…100
ゆで牛肉と焼きナスのタイ風サラダ…38

[白菜]
白菜チーズオムレツ…102

[パプリカ]
カジキマグロとパプリカの甘酢炒め…138
鶏もも肉とレタス、
食べるラー油の生春巻…14
ゆでイカと万能ねぎのチヂミ…54
ゆでイカの中華風サラダ…57

[バジル]
イカとトマトのバジル炒め…118

[万能ねぎ]
大人の長いもサラダ…83
カルボうどん…88
豚キムチ…106
ゆでイカと万能ねぎのチヂミ…54
ゆでイカの中華風サラダ…57
ゆで豚と万能ねぎのポン酢和え…32
ゆで豚の韓国風野菜包み…34

[ピーマン]
ナポリタン…86
豚薄切り肉と
ピーマンのショウガ焼き…104

[水菜]
ゆで牛肉と薬味野菜の黄身おろし…40

[ミョウガ]
ゆで牛肉と薬味野菜の
黄身おろし…40
ゆで豚と万能ねぎのポン酢和え…32

[もやし]
もやしと卵のあんかけ炒め…108
もやしのラー油和え…76
ゆで牛肉ともやしのビビンパ…42

[レタス]
エビとアボカドのサンドイッチ…66
中華風ゆでレタスの熱々…74
鶏もも肉とレタス、食べるラー油の生春巻…14
ゆで豚の韓国風野菜包み
（サニーレタスなど）…34

[多種類の野菜を使っているレシピ]
合いびき肉の和風ドライカレー
（タマネギ、ニンジン、シイタケ、ピーマン）…120
炒め酢豚
（タマネギ、ピーマン、シイタケ、ニンジン）…139
カレーピクルス
（タマネギ、プチトマト、セロリ、ニンジン）…135
サクサク天ぷら
（ピーマン、ナス、パプリカ、シイタケ）…130
ひと口かつ
（タマネギ、ナス、シイタケ、ピーマン）…126
ポイポイ甘酢漬け
（大根、ミョウガ、きゅうり、パプリカ、
ニンジン、カブ、タマネギ、セロリなど）…135

肉

[鶏肉]
鶏から揚げ（もも肉）…128
鶏から揚げとタマネギの
南蛮漬け（もも肉）…137
鶏肉とアボカドの
メキシカンサラダ（もも肉）…20
鶏肉とシイタケの
照り焼き炒め（もも肉）…112
鶏の熱冷うどん（もも肉）…18
鶏むね肉といんげんのゴマ和え…23
鶏むね肉とゆで青菜のおひたし…24
鶏もも肉ときゅうりのゴマだれ冷菜…12
鶏もも肉とレタス、
食べるラー油の生春巻…14
鶏もも肉とわかめ、
トマトのショウガ酢の物…136
ゆで鶏と青菜のクッパ（もも肉）…19

[豚肉]
炒め酢豚…139
キャベツ肉炒め…96
小松菜の酢じょうゆ和え…72
ひと口かつ…126
豚薄切り肉とピーマンのショウガ焼き…104
豚キムチ…106
焼きめし…123
ゆで豚とセロリのショウガ炒め…36
ゆで豚と万能ねぎのポン酢和え…32
ゆで豚の韓国風野菜包み…34
ゆで豚のねぎ塩ラー油和え…30

[牛肉]
ゆで牛肉とタマネギの卵とじ…44
ゆで牛肉ともやしのビビンパ…42
ゆで牛肉と焼きナスのタイ風サラダ…38
ゆで牛肉と薬味野菜の黄身おろし…40

[ひき肉]
合いびき肉の和風ドライカレー…120
ナスとひき肉のみそ炒め（豚）…100
もやしと卵のあんかけ炒め（豚）…108

魚介

イカとトマトのバジル炒め…118
エビきゅうちらし…64
エビとアボカドのサンドイッチ…66
エビとキャベツ、
グレープフルーツのサラダ…63
エビときゅうりの中華風やっこ…62

大人の長いもサラダ（しらす）…83
カジキマグロとパプリカの甘酢炒め…138
サクサク天ぷら（エビ）…130
ゆでイカと万能ねぎのチヂミ…54
ゆでイカのアジアンサラダ…59
ゆでイカのショウガじょうゆ和え…52
ゆでイカの中華風サラダ…57
ゆでイカのわさびじょうゆ和え…52

卵・乳製品

エビきゅうちらし…64
カルボうどん…88
グリーンアスパラのとろとろ卵のせサラダ…48
ゴーヤちゃんぷる～…111
卵のみそ漬け…49
白菜チーズオムレツ…102
冷やし中華（錦糸卵）…92
もやしと卵のあんかけ炒め…108
ゆで牛肉とタマネギの卵とじ…44
ゆで牛肉ともやしのビビンパ…42
ゆで牛肉と薬味野菜の黄身おろし…40
ゆで鶏と青菜のクッパ…19
［チーズ］
カボチャとカッテージチーズのサラダ…82
グリーンアスパラのとろとろ卵のせサラダ（パルメザンチーズ）…48
小松菜とカッテージチーズのサラダ…72
白菜チーズオムレツ（ピザ用チーズ）…102

豆腐・大豆製品

厚揚げときのこのオイスターソース炒め…115
エビときゅうりの中華風やっこ…62
ゴーヤちゃんぷる～…111
冷や汁そうめん…90

その他

カボチャとカッテージチーズのサラダ（クルミ）…82
カリフラワーのアンチョビマヨサラダ…77
カレーピクルス（ウズラの卵水煮）…135
ごぼうとベーコンのオリーブオイル炒め…116
小松菜とカッテージチーズのサラダ（ツナ缶）…72
小松菜のゴマ和え（ちくわ）…71
たらこスパゲティ…84
中華風ゆでレタスの熱々（サクラエビ）…74
とってもシンプルなポテサラ（ハム）…80
鶏もも肉とわかめ、トマトのショウガ酢の物…136
ナポリタン（ウインナーソーセージ）…86
冷やし中華（ハム、わかめ）…92
豚キムチ（白菜キムチ）…106
ゆでイカのわさびじょうゆ和え（わかめ）…52

米・めん・パン

合いびき肉の和風ドライカレー…120
エビきゅうちらし…64
エビとアボカドのサンドイッチ…66
カルボうどん…88
たらこスパゲティ…84
鶏の熱冷うどん…18
ナポリタン…86
冷やし中華…92
冷や汁そうめん…90
焼きめし…123
ゆで牛肉ともやしのビビンパ…42
ゆで鶏と青菜のクッパ…19

著者

瀬尾幸子（せお・ゆきこ）

料理研究家。毎日のごはんに合う、誰でも失敗なく作れる、おいしいレシピに定評がある。初めて料理を作る人にもわかりやすい工夫がされている著作も多い。近著に『1人ぶんから作れるラクうまごはん』『ラクうまごはんのコツ』（いずれも小社刊）、『これでいいのだ！瀬尾ごはん』（筑摩書房）などがある。

本書の内容に関するお問い合わせは、**書名、発行年月日、該当ページを明記**の上、書面、FAX、お問い合わせフォームにて、当社編集部宛にお送りください。**電話によるお問い合わせはお受けしておりません。**
また、本書の範囲を超えるご質問等にもお答えできませんので、あらかじめご了承ください。

FAX：03－3831－0902

お問い合わせフォーム：http://www.shin-sei.co.jp/np/contact-form3.html

落丁･乱丁のあった場合は、送料当社負担でお取替えいたします。当社営業部宛にお送りください。

これだけで、ラクうまごはん

著　者　瀬　尾　幸　子

発行者　富　永　靖　弘

印刷所　公和印刷株式会社

発行所　東京都台東区台東２丁目24　株式会社　**新星出版社**

〒110-0016　☎03（3831）0743

ISBN978-4-405-09306-5